優か劣か、
自分はいわゆるできる子なのか
できない子なのか、
そんなことを
教師も子どももも
しばし忘れて、
学びひたり
教えひたっている、
そんな世界を
見つめてきた。

裏見返しに続く

教室に魅力を

人と教育双書

HUMAN ACADEMY BOOKS

大村はま
Hama Ohmura

国土社

写真でつづる
大村はま
その人としごと

東北の冬の暗く垂れ下がったような空の下、荒れて波がしらの砕けている海をじっと眺めながら……あの心にしみ入るような暗さ、泣き出したいような寂しさが、どうしてか妙にしっとりと、なつかしく心を包み、いま、何が辛いのでもないけれど、しみじみと慰められる思いで、その気分がとても好きだった。

大村はま『授業を創る』(国土社刊)より

冬の日本海(秋田の研究会にむかう羽越線車窓から著者撮影)

▲東京女子大学卒業の日（昭和3年3月，後列左から5人目）。ひとりおいて担任の石幡五郎教授（美学専攻，英語を教授される），隣が新渡戸稲造学長。倉田百三の姪・伊吹山さんも（前列右から3人目）。

▶初任校，長野県立諏訪高等女学校でタスキがけで掃除中，帰りがけの生徒たちと（8年）。

▼東京府立第八高等女学校の女子職員たちと（前列左端，15年）。

新制深川一中で(23年 3 月卒業式,校長の隣)。戦争をはさんでひとつの悲願を抱いて高女から新制中学へ転任。この当時,大村単元学習生誕。石森延男・山口喜一郎先生ら参観者がしだいに多くなる。

◀石川台中で(37年)。まだ月例研究会はなかったが,参観人はそうとう多かった。

下町の商業地帯の紅葉川中時代(28年)。子どもたちから戦争の影も消えて。

文海中時代(38年,図書室で)。

目黒八中26年卒業の子どもたち。単元学習の扉を共に開いた仲間。当時,参観者が絶えなかった。

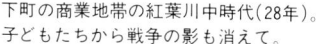

発表を聞く子どもたち。

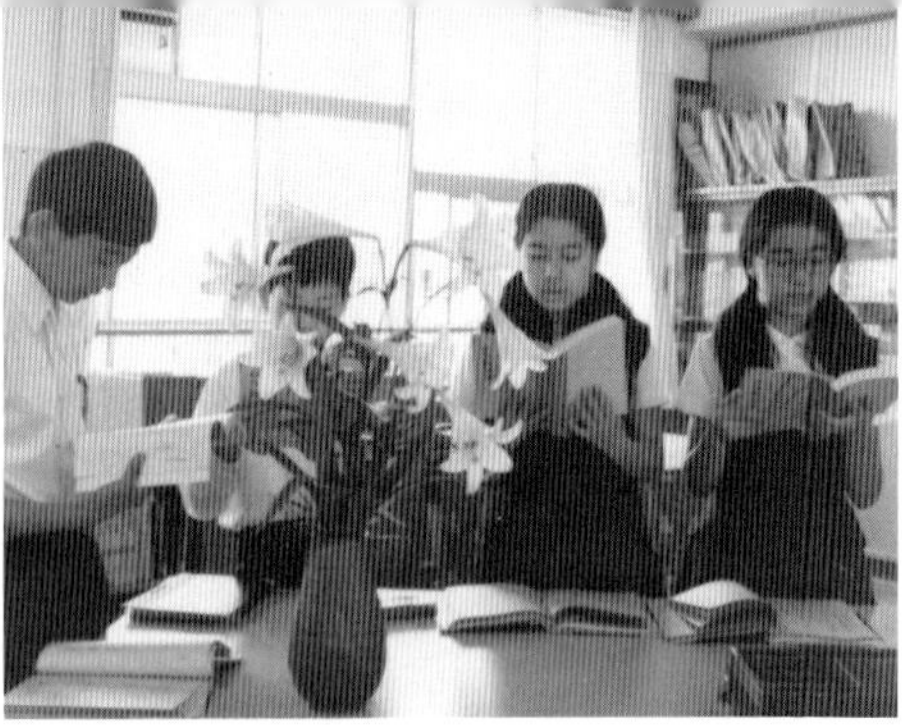

グループによる朗読発表会。

発表打合せ中の子どもたち。

◀退職１年前(73歳),石川台中図書室で授業準備。右＝教材研究,左＝教材印刷。当時,授業を週27時間も担当していた(54年)。

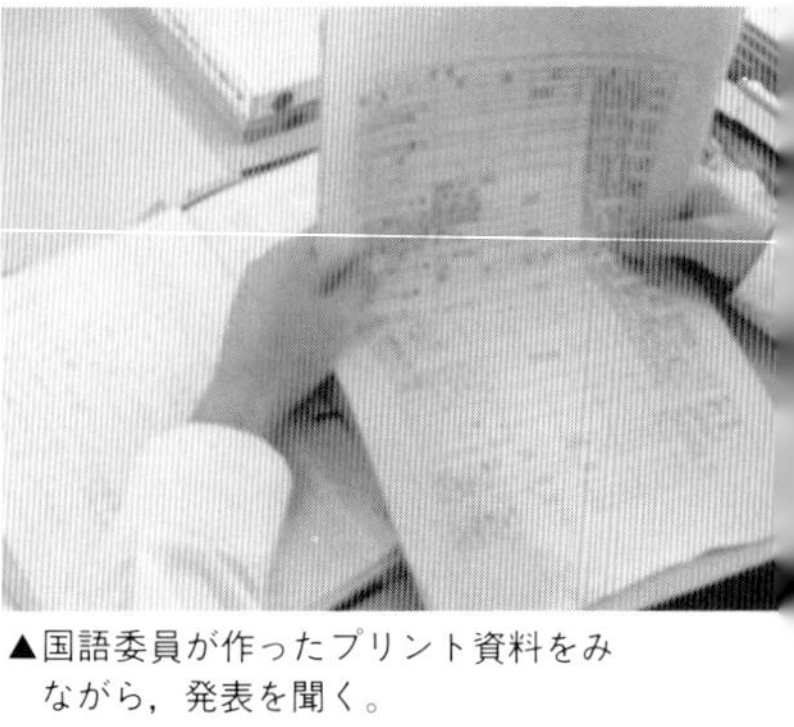

▲国語委員が作ったプリント資料をみながら,発表を聞く。

◀グループで,「集めたことば」の分類。

大村教室の子どもたち

本を読みふける子どもたち。

子どもたちが作った「ことば遊び」

集めた助詞の用例文の分類。

放課後の図書室で発表準備をする子どもたち。

グループの話し合い。

東京都教育功労賞をうける（36年）。

▼
ペスタロッチ賞受賞（38年）。受賞のあと西尾実先生らと（右端）。

エイボン教育賞あたえられる（57年，退職翌年75歳）。左へひとりおいて他部門受賞の澤地久枝さん。第一回受賞者に市川房枝さんもいた。受賞理由は，——52年にもわたるほんものの教育の追求，新しい教材の開発などユニークな授業を実践し，教育界に多大な影響をあたえた功績にたいして。

姪(右端) とその子どもたち。

クリスマスの教会で。後ろが弟。

書斎で机に向かいながら目をあげると見えるアメリカスギの大木。梢には鳥がよく来る。

書斎の一隅

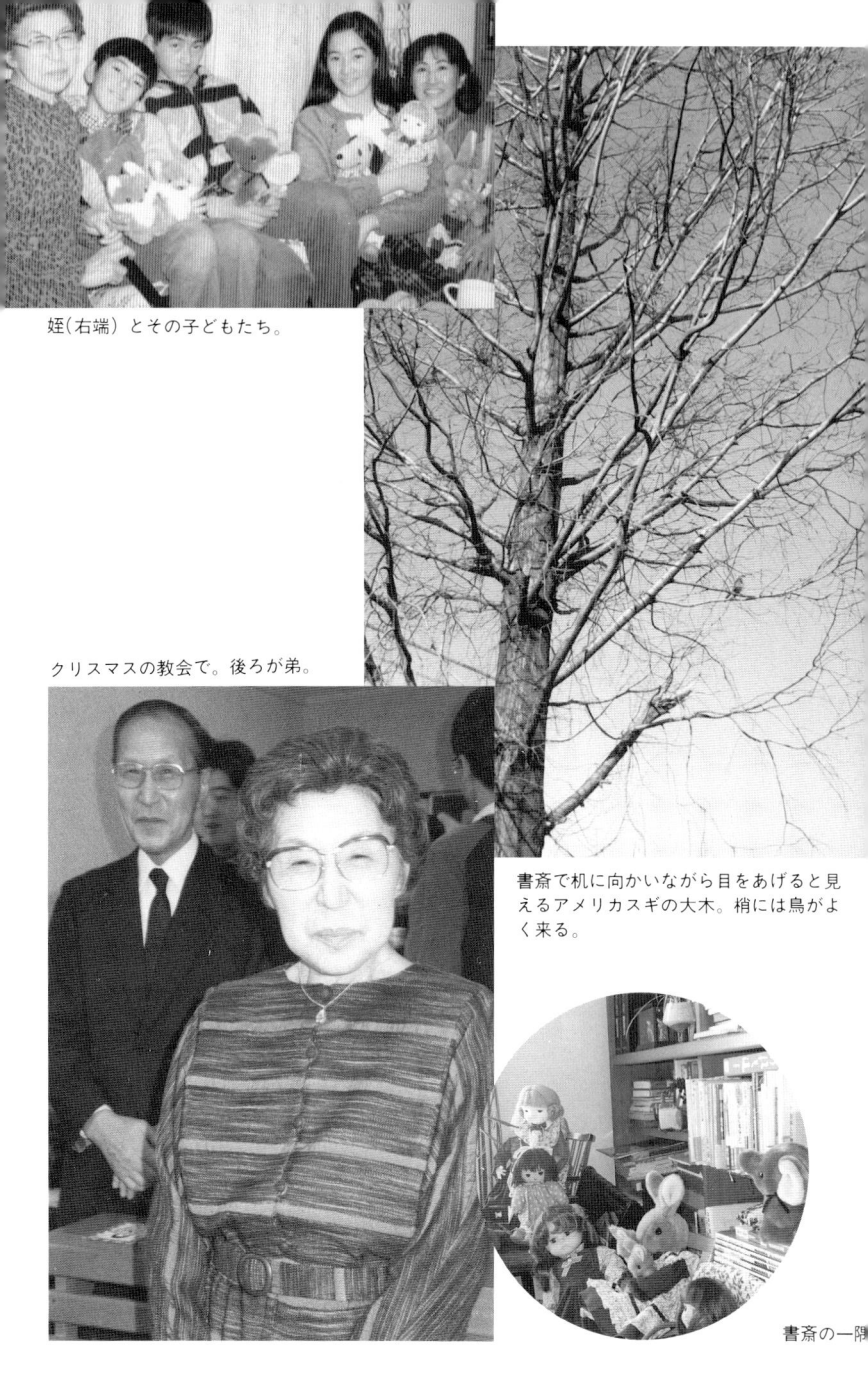

全集（16巻）を完結して。

大好きな枝垂桜が咲きほこる京都・円山公園で。京都行きは毎年かかさなかったが，昨年は入院のためかなわず，各地の桜が映える豪華写真集『櫻』（時事通信社から当時刊行）を眺めて過ごす。『櫻』は秋田・山形の先生がたから入院先に届けられたのであった。

教室に魅力を

目次

● 口絵写真＝大村はま その人としごと……………… 1

I 教室に魅力を ―――――― 13

教室の魅力とは――どの子にも成長の実感があること 14
「劣」に重みをかけすぎ、「優」を忘れていないか 18
楽すぎる教師の姿 24
自分自身をいっぱいに伸ばす学習の成立 29
優劣を超え、成長の喜びを知る学習 37
魅力的な学習のひととき 52
魅力を生まない教室 59
魅力を失わない話し合い 61
同じ教材をなぜ二度使わないか 67

II 学習の成立のために ―――――― 71

新鮮なことばが行き交う教室 72
問題を適切に選ぶ 78

少し程度の高い着眼を 83
学習能力の訓練 88
眺めている指導から中へ入る指導 94
群読について考える 102
学習活動の目的によって変えるグループ 105
古典を学ぶということ 118
生活の中でのことばの学習 126
指導者としての責任 131
「味わうため」の朗読 135
題材は拾ってみせる 146
導入——単元の生まれるまで 154
教師と「話すこと」 163
「学習の手びき」は教材研究の中でできる 165
子どもを知る、そこに生まれる教師の愛情 177
● あとがき …… 186

本書は一九八八年、小社より刊行されました。

I

教室に魅力を

教室の魅力とは——どの子にも成長の実感があること

私は、中学生のよくない話、荒れる話はもちろんですが、学力がないとか、つまらない話し合いをしているとか、書くことがなくて、むなしく作文の時間を過ごしているとか、活字離れで本を読まないとか、そういうふうなことを聞きますたびに、たいへん心が痛むのです。自分の教室が今ありませんので、直接だれの顔を思い浮かべるということはないのですけれども、なべての中学生へのいとおしみのようなものが、私に残っていて、そういうことを聞きますと、在職中に自分の教え子のことをいろいろと言われたりした時と同じような、たまらないような気持ちがするのです。

そして、そういうことは、みんな、教室に惹かれるものがないから起こってくることだという気がして、いつも心の中で、「教室に魅力を」と、願うのです。ある時は、そう叫びたいような気持ちがいたします。それで、お話の題を「教室に魅力を」といたしました。あえて、良い、というふうなことばを使いたくないのです。良い、悪いは、簡単に言われませんし、何を良いと思わなければならないということも言えません。良い、悪いは、むずかしいと思います。良い授業、良くない授業、そういうことを言うことは、むずかしいと思います。今日だけ、良くなくみえても、それがどういう芽生えをみせるかも、わかりません。相手の子どもたちはたくさんいるのに、そう簡単に、だれかの授業に対して、これは良い授業だ、これはいけないんだということは、言えないという気がします。そういうことはむずかしくて、言えないという気がいたします。けれども、魅力というのは、そういう世界とちがうのです。いいからでも、なぜだからでもないのです。何だか、心惹かれてならない、そういうものが、教室にあったらと思うのです。

私は、それが、よくできる子どもも、あまりできのよくない子どもも育てていくものになるという気がして、魅力ということばで考えてみたいと思うのです。

教室の魅力というのは、できがいいとか、悪いとか、そういう世界を越えたというのか、それとは比べられない別のところに生まれます。学校でなくても、人と人との間でも、だれがどう偉いからということではなくて、わけは言えないまま、ただ惹かれることがあります。あれと同じものと思うのです。教室にそういう魅力があったら、本当に、あのことも、このことも、解決できるのではないかと思います。

その魅力というのは、簡単に言いますと、どの子にも、確かな成長感があることではないかと思います。自分自身が何らかの成長の実感がないときに、魅力を感じるということは、まず、ないのではないでしょうか。どんな低いところからの出発であろうとも、とにかく、自分自身が、そこで何か育っているという実感があれば、なんとなく離れられない気持ちが出てくるでしょうが、そういうものがない限り、非常にいい授業といわれるような授業でありましても、私は、やっぱり、魅力というものにはなっていかないのではないかと思うのです。その魅力を生じるような、学習の状態——ひとりひとりが自分の成長を実感しながら、内からの励ましに力づけられながら、それぞれ学習という生活を営んでいる、そういう状態を思いますときに、私は、それは単元学習によってこそできることであると思うのです。

単元学習といいますと、教材がどっさりあって、聞いたり、話したり、読んだり、書いたり、話し合ったり、立ったり、座ったり、出ていったり、とにかく、ごちゃごちゃごちゃごちゃした、こみいった、そういう感じをまず持たれるようです。もっと好意的な言い方では、教材がどっさりあって、学習活動が非常に多様である。それで優れた子どもも、劣った子どもも、それぞれに成長する。そういうふうに考えられていると思われます。

しかし、その優れた子どもも、劣った子どもも、それぞれに成長するという話になった時に、主として、浮かんでくるのは、できない子どもの方のような気がします。そして、その魅力あるということは、劣っている子どもに魅力がある、劣っている子どもが、打ちこんで勉強ができる、成長感がある、そういうふうな方へ、受けとられることが多いと思うのです。それはもちろん大事ですけれども、それだけではないのではないかと私は思うのです。

教室の魅力は、力の弱い子どもを救うことでは半分しか生まれてこないと思います。

力の弱い子どもが張り合いよく学習していると同時に、力のある子どももいきいきとして学び、語り合い、豊かな力を出し切って努力している、頬をほてらせているようでないと、教室に魅力が生まれません。ところが、これは力の弱い子どもにやりがいを感じさせることよりむずかしいかもしれません。

「劣」に重みをかけすぎ、「優」を忘れていないか

ごらんになった方もあると思いますけれど、この間、大きな新聞の中では、一紙にしか出ませんでしたが、関西の方でのことです、ある塾のビラが配られてきました。家庭にも配られました。噂ではなくて、ちゃんと活字になったものが配られてきたのです。それには、「なるべく、子どもは、学校に行かさないように。優れた子どもは、学校ではまるで、拷問にあっているようなものだ。」――その拷問ということばが本当に使ってあって、新聞の中にもその引用があり、そこに注目を誘う印がついていました。――

「何の力もつくはずはないし、拷問にあってつらいだけだから、何ら得るものはないから、なるべく休ませて、この塾のプリントをやる方がいいんだ。」そういうことを書いたものが、配られてきたのだそうです。そういうふうに、形になったものでしたから、それはたちまち学校の方へも伝わったわけです。伝わって、学校がどういうふうにしたかは、書いていませんけれども、教育関係の方が、遺憾の意を表されたということは、記事のなかに出ていました。

もちろん、それは、みなさんも憤慨なさるような、とんでもないこと、ここまできてしまったのかと思うようなできごとです。私は、ほんとうかしらと、思わず読み返しました。憤りがこみあげました。けれども、やがて私は、いっそう暗い、情けない気持に襲われました。どうして、その優れた子どもが拷問にあっているようなものだと言われなければならないのでしょうか。それを考えたとき、いっそう暗い、情けない気持になりました。

ある文章があります。それを一読して、要旨もわかったし、問題とすべきところもわかったし、自分の考えもいくつか浮かんできた。疑問点もでてきた。——そういう子どもは、クラスに四十人いれば、十人はいると思います。もし、いないとしたら、その教材は、いかなる方法でもそのクラスには、今は扱えないというものではないでしょうか。

そういう子どもたちがいるわけです。その子どもたちには、意味段落がどこで切れるかなどということは、全然、必要がないわけです。そういう読解の技術を要さず、一読してわかれば、これで上々。もう、どこで段落が切れようと、形式段落が、どれとどれがつながろうと、中心語句が何であろうと、その人には、今回、関係がないのです。もし、読みそこなっていたり、それから、読みとれない子どもがいましたら、それは、読解の技術として、「あなたは、その段落にちょっと着目してごらんなさい」ということになると思います。「主になることば、中心になることばを、拾ってみてごらん」とか、「第三段落と第四段落、そのつながりに気をつけたらどうか」とか。しかし、こういうことは、全部の子どもに同時に言うことではなくて、必要に応じてそれぞれの子どもに言うべきことではないでしょうか。初めから読めた人に対しては、そのいずれも、今回は、要らないんです。その発見した問題点なり、何なりの学習にはいっていってよろしいわけです。

ところが、拷問といわれるのは、そういう子どもたちに必要がないのに、「この段落がどこで切れるか」、「なぜ」、「説明してごらん」とか何とかいうふうになって、「そんなところで切れるんじゃない」「これとこれとが、つながるんだと思う。他の人は、どう思うか」と、初めから、すらっと読めてどうも思っていないのに、「どう思うか」と聞いたりする。しかし、納得のいく正解というものは、いつまでいってもないわけです。それで、考えるのも面倒くさくなってしまって、飽きてしまいます。

子どもの性質によって、適当に答えたり考えを述べたりしますが，それが先生のお考えに合わないと、その理由の説明をどこまでも求められます。初めから理由などなく、適当に答えただけですから、どうしてそう思うか、その理由は、根拠は、ときかれますと、まさに拷問です。

一方、そういう話し合いも何も、わからない子どもがもちろんいます。それはともかくとして、その今の新聞の問題は、たとえば、そういう場面をさしていると思うのです。

こうなりますと、その子どもたちは、考える必要のない、しかも、正解というものはおそらくない、正解を決めることが、まちがいといったようなことを、時間をかけてくどく訊かれている。「考えがあるのに、いわないからいけない」とか、「その理由を、みんなにわかるように説明しなさい」とか、いろいろと難題がふってくるわけです。その子どもたちは、初めから、読めてしまっていますので、いやに決まっていると思います。必要のないことですから、骨を折りたくなくなるでしょうし、わかってしまったことを考えなければならないことは面倒ではないでしょうか。

もちろん、子どもたちはそんなふうに考えてはいないでしょう。ただ漠然とした、はずまない、愉快になれない気持ちになっているだけでしょう。

そうした場面が国語教室にありまして、その塾の先生のいうような、優等生は、拷問にあっているようなもので、なんら開発されることはないからといったことばになっているんだと思うのです。私は、嘆かわしく思うと同時に、実に情けない感じがいたしました。

劣っている子どもをどうするかということは、ある程度、普通の勉強をしたり、熱心に教育を考えている人には、できると思うのです。しようとすると思うのです。その子どもたちを見過ごすようなことは、めったにないと思います。

私自身で考えてみましても、そういう子どもに、親切に、ていねいに、よく話したり、いろいろすることは、たいして困難に思ったことはありません。そういう子どもに、いろんな手を打って、ついに読ませたり、ニコッとさせたりすることは、私にとってあまり大変ではありませんでした。方法もいろいろ思いつきました。

しかし、骨の折れたのは、はるかに優れた、今、私より若いということで、年がいかないので、我が教え子ですけれども、もし同じ年ごろでありましたら、話し相手にもしてもらえるかどうか、と思うような優れたものをもった生徒がおりました。そういう人に、〝拷問〟などと言われるような拙い問いかけなどをしないで、喜々として、その子なりの、その上へ伸びる力を奮い起たせたり、その子が打ち込めるような学習作業を与えたりすることは、それは容易ならないことです。

私は、そういう意味で、「優も劣も」と言った時に、劣の方に重みがかかって、それにかたよってしまっている。いい先生ということは、劣の子どもに親切にすることといった気風がありまして、やさしく親切にその子どもの世話をしていることで教師の務めを果たしていると自分で認め、満足し、それに酔ってしまって、いい先生であるような気持ちになってしまうことがあるのではないか。そして、一方の子どもたちが、退屈していても、また退屈しないまでも、その子なりに、優れていれば、優れているなりに、もっともっと伸ばさなければならない、それをする実力が教師になくて、教室の魅力が失われてしまっているという気がします。

楽過ぎる教師の姿

また、これは東京でしたけれど、このごろ言われているような新任教員のインターンを先取りしているようですが、小学校一か月の実習にみえている卵先生――と記者は書いておりました――の実際を取材した記事です。

算数の時間でした。お話を少しして、説明をして、じゃあ、やってごらん、ということになりました。これは、私たちの子どものころから一貫してありつづけている、楽な教師の姿ではないでしょうか。説明を一通りして――同じスタートラインですね――、さあと言って走らせても、同じ速度で走っていくなんていう奇跡は、まず起こらないですね。ですが、説明したら当然同じ程度にわかって、まじめならば同じ歩調で進むものと信じているように、ではやってごらん、ということになるのは、教師によくあることです。

で、その時も、そうだったのだそうです。でも、説明は上手だったそうです。それで子どもたちはいっせいにやりはじめました。しかし、同じスタートラインなのですから、片一方は、わからなくなってしまいました。片一方はどんどんやっています。しばらくの間は、シーンとなっていて、先生ははじめからわからない子のところに、ピタッとついていて、実に親切に指導していらっしゃるようで、その声が時々少し聞こえる。クラス中がシーンとなって、まさに、すばらしい教室の風景です。

そのうちに、あちこちで、ガサガサガサと話し声が起こってきました。それは、できてしまった子どもたちが退屈して、「今日、遊びにこないか」とか、「いいよ」とか、そういう話をしていたと、記者は書いています。先生は、と思ってみますと、卵先生は、もう一生懸命で、そのガサガサした方には、目もくれません。小言も、もちろん言わなかった、それはまあよかったと思います。小言は言わなかったけれども、無視して、そのできない子どもの指導に終始したのだそうです。やがて、チャイムがなってその時間は終わりました。ベテランの先生が、その教室に指導のためついていらっしゃいました。そこで卵先生がそのベテラン先生に、「ああいう場合は、どうしたらいいでしょうか」と聞いたんだそうです。そうしましたら、そのベテラン先生、「もういっぺんやりなさいって指示したら、良かったんじゃないでしょうか」とおっしゃったそうです。なんということを言われるのでしょう、ベテラン先生、涙がでるような悲しい情けないことばで、私はほんとうにがっかりしました。

できない方の子どもに、親切にしていることに、何の非難もないでしょうが、できた方の子どもは、その時間に、十分伸びていくことが、できなくなっています。あのガサガサしたとき、記者がそっとそばへ行ってみたそうですが、ちっとも違ってなかったそうです。きれいな字で、実にみごとにできあがっていたそうです。それを、もう一ぺんやれっていったら良かったかもしれないと、そのベテラン先生がおっしゃったと言うのです。本当に悲しい。チャイムが鳴って、「もう一ぺんやりなさい」と、卵先生は、おっしゃらなかった。良かったと思いましたけれども、なんという、情けない指示なのでしょうか。これもできない子どもには、親切にはできますけれども、そのできてしまっている、もっともっと、もっともっとやれる子ども、その子たちへの心づかいがまるでありません。だいたい、そちらに何も目を向けていませんので、成長に関係のない、無駄な時間を、その子たちは過ごしている、そんなところに、どうして、教室の魅力があるかと思います。

伸びているとか、伸びていないとか、そういうことばで子どもは言わないかもしれませんけれど、力いっぱいいきいきと勉強している、一瞬一瞬に伸びていっている、それ以外に、伸びる方法があろうとは、思われません。しかし、劣っている子どもの方に、ずうっと気がいってしまって、そうでない生徒たちの方は、そのままにされている、先生がいないのと同じにされていることになるのではないでしょうか。

教室の魅力というものは、全ての生徒がそれぞれに成長している実感、快感から生まれてくると思います。今まで、あまりにも、そういうことが忘れられていて、それで、ぐっと伸ばしてもらうことのできない子どもが、意識するとしないとにかかわらず、非常に、不満だったろうと思います。少なくとも、喜びはありませんね。はりきった喜びというものは、感じられませんので、外の方へいって、できればできたように伸ばしてもらえるところを、求めていくことは、ありうると思いました。

そういうことは、不愉快には思いますけれども、教師の方も、もっともっとそういう子どもを伸ばせる実力というのでしょうか、豊かなものをもって、できない子どもに熱心になると同様の熱意をもって、力のある子どもにもむかっていかなければならない。そうしなければ、教室にほんとうの魅力というものは、かえってこないと思います。

この二つの、近い頃の新聞記事は、私に今さらのように、そういうことを考えさせました。

教師でありながら、できない子どもの世話ができないとしたら、ほんとうにどうしようもないと思います。ですからそれができることだけで満足せずに、豊かな高い実力と、人間の力をもって、その力のある子どもたちを、喜ばしていかなければならない。学ぶ喜びというのでしょうか、成長の実感の喜び、感動、そういうものを、もたせていかなければならないんだと、つくづく思いました。

自分自身をいっぱいに伸ばす学習の成立

そして、浮かんでくるのが、単元学習であるわけです。単元学習というのは、その両方にこたえようとしている、また、こたえられると思います。決して、劣った生徒を、優劣のかなたに連れていけるということだけではありません。両方とも、優劣のかなたに導かなければならないと思うのです。

単元学習は、まず、みんな同じ方に向いて整然と席に就いている、問題が出され、考え、答え、正答を得、そして次に進む、といった授業の教室に比べ、たしかにごちゃごちゃしていると見えるでしょう。しかし、豊かな学習活動と言ってほしいと思います。ごちゃごちゃしているのではなく、個々の力の向きと程度によって、ひとりひとりの学習は、少しもごたごたしていないのです。

同じ教材、同じ方法、これがいちばんまずいと思います。スタートラインが一緒で、同じ教材で、同じ方法でしたら、同時にゴールにはいらないのが、あたりまえです。ですから、これがいちばん、劣等感だとか、優越感だとかをつくるでしょうし、劣等感や優越感は自分の成長を本気でみつめることの妨げになります。ほんとうの成長の喜びを得させられないことになります。

ひとりひとりに適切な学習をと思いますと、どうしても、教材がいろいろになってしまうのです。いろいろ使うのが、いいということではありません。そういう発想で、創ってくるもの、創られてくるものではないと思います。単元は、だいたい生まれてくるものだと思います。子どもを見ています教師が、生徒と一緒に生みだしてくるものだと思うのです。

いろんな教材があるということは、ちょっと考えても、いろんな子どもに合うだろうなという気がなさると思うのです。しかしいろんな教材ということはありますけれども、必ずしも、そうではないと思うのです。一つの教材でありましても、それをさまざまな学習活動に仕組むことができますから、教材がいろいろ用意されなければ、単元学習ではないといった考えは、私は違うと思います。結果として多くの資料を使うことになることがたいへん多い、ほとんどであることはその通りですが、資料は一種でも、それを学習する方法はさまざまということがあります。この方の例をここに持ってまいりました。

これは、「木のうた」という、ことばのない絵本です。私も使ったことがございます。これは、一冊の本なのです。ですから、この場合教材はこれ一つです。一つですけれども、これをどういうふうにでも使うことができるわけです。

これには、一本の木の四季の生活、同じ木の、冬から冬までの生活がかかれているのです。で、一枚め、雪がありまして、積もっています。枝には積もっておりません。今、本屋さんにたくさんでていますから、ごらんいただきますといいんですが、これがずっと、季節の移るにつれて変わっていきますが、木はその枝のはしまで、どのページも同じにかかれています。この辺の草までみんなどのページにも同じ位置にかかれています。これが、ずんずんのびていくんです。そしてこんなふうに繁ってきますと、はじめ、穴からでてきたリスは、もう木の半分くらいの高い枝にまで行ってますし、鳥が来て、巣を作り、卵をあたため、このページではもう、卵からかえりまして、ひなが口をあけてえさを待っています。これまでの道程が、一枚ずつの絵になっています。やがて、秋になります。木には実がなりました。りすが実を食べたりしています。そのころになると、鳥はもう巣立ちの準備をしています。ここではりすがもう冬に備えて穴掘りを始めています。鳥は飛んで行ってしまいます。草も枯れました。そして、また、もとの白い白い冬の景色になりました。

これは、日本の方の作品ではなくて、イタリアのイエラ・マリという方の絵本です。一冊の「木のうた」ですけれども、書くものとしましては、ほんとうにいろいろな形になってきます。

どのページからでも、いいのです。

たとえば、まず、題名のとおり、この木のうたが書けます。この木を見ている人のうたも書けます。

それから、木の下の一面の草、ここにちゃんと、なんの草とわかる草もありますし、一帯は、ただ、いわゆる名もなき草のように茂っています。この背の高い一本の草の歌ううた、並んで立っている三本の草の歌ううた、一面に地面を被っている草々のうた、草々の中の一つの葉のうた、一番先、芽を出した、そしてほかの葉より先に消える二、三枚のうた、みんなおもしろいと思います。

それから、草のそれぞれに特色がわかるように描かれています。ここに離れて一本あります。これになっても、おもしろい。これは、どんなに伸びても、木のようになることはないですね。

木の方でも、この一枝になってもおもしろいし、それからこの折れかけたような枝になってもおもしろいですね。鳥が巣をかけてくれた枝なんかになれば、さらに、おもしろいでしょう。

鳥のうたもできますし、葉っぱ一枚にもうたがあります。これをようく見ていきますと、春、ここに芽生えた葉っぱと同じ葉っぱが、秋にちゃんとそこで枯れるようになっているのです。

リスなどが、だんだん穴から出て、穴を掘るまでのところ、ここで長い日を過ごすわけですが、そのリスのうたなどは、さらにおもしろいでしょう。

見えないけれど、草むらの中に、虫がいるとか、いろんな昆虫の生活があるのを、想像して、その草むらの陰に、冬から冬までを暮らす、そういう小さな生き物のうたもできましょう。

そして、こういうはしの方にある葉っぱのうたもいいし、こんもりとした繁みの中にある葉っぱのうたというのも、わたしの教室の子どもの中にありました。

これ一冊ですけれども、学習活動がさまざまになって、それこそ、やや拙いものも、それから、たいへん優れたものも、力を奮うことができます。拷問などにあわず、自分のもっているものを、生かそうと思えば、どこまでも、生かせると思います。

全部のページを使わなければならないということはありません。たった一枚の絵を見て、そこに、木はもちろん、草もあり鳥もいる、虫もいる、そのうたもあります。必ずしも、冬から冬まで、ずうっと何枚も何枚も書かなければいけないということは、ありません。

みんなで見合ったり、発表し合ったりしようと思えば、どの子も、一ページの子が劣っているとか、全部を書いた人が偉いとか、そういうことは、この作品にはないのです。結末としても、人と比べてものを考えるという、そういう差別につながるような、そして、比べてうれしくなったり、悲しくなったりするといったような、教室の魅力からは遠い気持ちにならないで、自分自身をいっぱいに伸ばしながら、それをみんなで楽しみ合うところへもっていけるわけです。

こんなたった一つの材料でも、たくさんの子どもの成長を、それなりに、みることができるのではないか、その子なりに、力いっぱいやらせることができるのではないかと思います。

こういうふうなことをしますと、それは一つの問題を追求したりしているわけではないので、そんなのは単元と言わないのだという考えもあるでしょう。そうかもしれません。でも私は、単元学習とはなんであるかを研究して、自分のしてきたことが単元学習でなければならない、と考えたわけではありませんから、単元でなければなくとも、別にかまわないんです。ひとりひとりが、自分の力をいっぱいに伸ばしていくことができて、それなりの成長をして、ということを考えていくとしますと、それができれば、それが単元学習という名前にふさわしくても、ふさわしくなくてもよい、と私は思っています。

しかし、このようなのは、例外のほうです。単元学習はどうしてもいろんな本を使ったり、資料を使ったり、さまざまな学習を展開することになります。ひとりひとりが見え、そのひとりひとりを学ばせよう、成長させようとしますと、そういうことになるのです。

優劣を超え、成長の喜びを知る学習

五十四年度でございましたから、私としては、教室の仕事の最後になった年です。その年は、国際児童年でありました。前から狙っていた国際児童年が、私のおしまいの教室の仕事の一つになったわけですが、「知ろう、世界の子どもたちを」という単元の学習をしました。

戦後、新しい日本の建設のために何かしたいという悲願を抱いて中学に出た私です。子どもの努力も私の努力もむだになってしまうようなことのないように――そういう考えはいつも心を離れませんでした。

平和の基本的ないちばんのもとは、お互いを知り合うことだ、知り合ってみれば、そこに、平和にむかっての芽ばえがあり、下地のようなものができてくるのではないかと、秘かに考えつづけていたのです。そして、いやも応もなく、ある年がくれば、同じ世代を一緒に生きなければならない子どもたちですから、子ども同士が少しでも知り合っていたら、という気持ちがいつも心の底にありました。

目的に対していかにもささやかな営みではありますけれど、ささやかでも、これは中学校の教師にできる、確かな平和運動であると思っていました。

国際児童年になりました。やはり、いいあんばいに、資料がたくさんでてきました。

新年の初めから、児童年に関する、世界の児童の生活に関する記事が、新聞にも雑誌にも、あちらこちらに見られるようになり、展覧会も開かれ、いろいろと資料ができました。ほんとうに、資料がたくさんありました。種類からいいましても、新聞記事から、パンフレットから、本はもちろん、実にいろいろなものがありました。それから、世界の子どもの生活を紹介するようなことが、その年をねらって行われたわけですから、たくさんの読み物がありました。その中には、やさしいものもありましたし、ややむずかしいものもありました。

その時は、まさに、単元学習がすぐ思い浮かぶような資料がどっさりあって、子どもたちは読んでも読んでも読みきれない。これを全部読むということは、できません。その単元の時間からいって、日数からいって、ちょっとできません。国語だけ勉強しているわけではない子どもたちにとりましては、とてもみんな読むことはできないのです。いくら勉強家の生徒が、いくらがんばっても、行きつくことができない、そういう道にみんなを立たせるのが願いでした。

一覧表にしておいて、読んだものからマークをつけていったのです。がんばり屋がおりまして、「全部、全部読むから」といってがんばっていました。私は、到底ダメだと思うけれど、できるところまででいいと考えていました。力いっぱいやるということはこういう状態で起こるものと思います。

もし病気でもして、読めたのがたとえ一冊であっても、おしまいの発表会や、話し合いには参加できる。それが、この単元の一つの長所でした。一冊でもいいんです。それでもやはり、その人の見つけた観点、それで話し合いに参加したり、発表会に参加することができます。

何十冊という本を読めば、もちろん、それはそれだけにまた、多くの資料の背景をもったことによる角度からの発表になり、話し合いにもなる。その人とその人と、話題にするものが、与えあうものが違いますので、必ずしも、たくさん読んだ人だけが、映えるというふうな状態になりません。

ですから、私は、これはとても楽しい、いい学習になると思ったのです。

文章の種類の多さと、読み方の種類の多さ、自然にいろんな読み方になります。それこそ、段落ごとにみていけば、すぐわかるものや、中心語句を拾っていったらいいものや、とにかく、それまでに覚えている、また、これから教えたいような、読書の技術を駆使していくことができるのです。それで、大変いい題材だと思いました。

発表会は六回にわたりました。どこどこの国の子どもは、こんなふうだと、一人のお話にばかりもっていきませんで、劇にした人あり、対談にした人あり、日記体にした人あり、さまざまで、豊かな形になりました。自分なりに力いっぱい尽くしたことは同じですけれども、読みあげたものの数は違っています。

しかし、そこにできあがって、人と比べるというような、さもしい姿になる隙間がありませんでした。そういう、劣等感が出てきたり、優越感がわいたりして、教室を修羅場にしてしまう、成長ということから、——自分を伸ばすということからほど遠い、魅力なんかからはますます遠い、そういう雰囲気になるというのは、一つのゆるみだと思います。

力のある子どもが、力いっぱいやっていない隙に、忍びよるのが、そういうつまらない影です。

できない子どもが、できないことを気にしたりするのも、やっぱり、隙間だと思います。ゆるみだと思います。

ほんとうに、おもしろいことを、一生懸命やっている、その心の中に、人と比べる隙はないと思います。緊張と申しますけれども、私は、そういうのが、緊張だと思うのです。どこからも、人と比べて、どうするとかといった、魅力を生む泉から遠いようなことが起こってくる隙がない。それは、その人たちが、自分なりの力を養うことができるからで、自分の力いっぱいを、夢中でやっているからだと思います。

こういう場合の単元というのは、いかにも単元らしく、その目的を達すると思います。また、いわゆる一つの教材だけですすめるのとは大変ちがった、生活的な張り詰めたものがあります。助け合いもあり、奮い立つものもあり、反省するものもあり、学ぶ人の好ましい生活の姿がある、と私は思います。

ただ、こういう単元学習の場合に、さっきの「木のうた」もそうですけれども、単元学習というのは、子どもたちにまかせることだと、思われているむきがあるのです。もちろん子どもたちにまかせます。子どもたちが、自分で考えたと思ってくれなければ困ります。けれども、それは、教師が考えないということではないんです。

そこに思い違いがあって、みんなが勉強を進めますときに、ただ指示を与えるだけで、子どものするあとをついていくというか、子どものすることを傍観しているというか、指導が切れてしまうのです。「いろいろできたね」とか、「よく考えたね」とか、そんなことは言われるかもしれませんけれど、その子なりに、もう一息、奮い立たせるものがない、ここというところに、もっていくことができないで、子どものあとにつくというか、ほめたり、励ましたりするので精いっぱいというふうになりますと、それが、単元学習のあぶないところだと思うのです。

単元学習をしていきますには、ふつうのいわゆる教材研究では間に合いません。つまり、このような場合に、およそ、考えられる本を全部読んでいるということは、もちろんです。読んでいるとわかってくるのです。教材を読んでいます間に、こんなことをすればという考えが浮かんでくるわけです。たくさんの読み物の中から浮かんでくる作業。それから、それを仕上げていく形。そういうものをたくさん考えて、たとい子どもたちが何にも考えつかなくとも、すぐ適切なヒントが全部の子どもに出せるだけの、用意ができなければ、こういう単元に、はいっていけないものなのです。

指導者が考えたものを、そのまま与えるわけではありません。必要ならば与えることのできる用意です。この用意が指導者の胸に十分なとき、初めてそのテーマなり形なりを考えている子どもの指導者でありうるのだと思います。考え、苦労している子どもを、ヒントを出すなりして、具体的に助けることができるのだと思います。

資料を読みながら、ひとりひとりの子どもに「はい、これ」と出せるテーマが思いついていませんと、子どもたちがテーマを選んだり形を決めたりするときの気分がたるんできます。一生懸命になれなくなってしまうのです。子どもは、そういうところがおとなと違うのです。

それから、これは、あんな形にもこんな形にもできるけれども、どうしたらいいだろうかと、それを決める根拠がわからず、力に合わない苦しみをします。つまずきます。そういうときに、「あっ、そうだ」と、思わずにっこりする、目が醒めるほど、いい活動なり、いい書き物なり、書き出しなり、なにかを与えられなければ、指導者として残念です。

多くの資料で、さまざまな仕上げの形を描きながら学習していく間に、子どもたちが楽しそうになります。でも、学習の途中に楽しいことばかりがあるはずはありません。必ずつまずくときがあると思います。少しもつまずかないということは考えられませんが、そのとき指導者が適切な手が打てなくては残念です。手を打つ、――まず、材料に問題があると目をつけます。

決して決して、子どもの読みとか扱いが適切でなかったのではないかという目の向け方にならないことです。その材料の位置づけができなくなることが、こうした場合一ばん多いと思います。おもしろいのだけれど、どこにどう生かしてよいか、途方に暮れるのです。

たくさん調べ、読み、胸もノートもいっぱいであるが混然としていて目標につなげられないのです。材料選択を誤ったときなど、いよいよのところに立ったとき、もう一息力を出させてくれないのです。子どもたちを伸ばしてくれないのです。

選択が易きについたということになると思います。こういうときに、子どものすばらしく仕上げたいという願いを十分受けとめ、そこを引き上げるヒント、手伝い、助言、そういうことができないと、力がつきません。やっぱり、単元学習なんかやっていても、学力がつかない。楽しいけれども、大切な力がつかないような気がする、というとんでもないことになってしまいます。

「単元学習でも入学試験とおりますか？」といったような質問に、私はたびたびあっています。入学試験はおろか、非常に優れた国語の力をつけようと思って、単元学習をやっているのです。何も、私の趣味でもなければ、ただ、生徒が喜ぶからでもありません。ひとりひとりを卓越した言語生活者にと目指す時、そうでない方法ではその力はつけられないからです。教科書を端からやっていては、間に合わなかったということです。

単元学習で、さまざまの活動をそれなりに楽しそうにやっているように見えても、それで安心はできません。ある子どもたちは、その子どもが前からもっていたありあわせの力でも結構こなせるのです。優れた子ですと、何も努力しなくても、なにかやれるものなんです。そういう姿を見て、もっとやりたいことを思いついて、「よし!」と立ち上がってやっていく、そういうふうにさせられなければ、私は単元学習というものの命はないと思うのです。もち合わせの力で、ただ楽しくやっても、それでは、学習にはならないと思います。

教室はとにかく、一段一段と力がついていくのでないと、教室と言わないのではないかと私は思います。ほかの生活のどの場所にも、そういう所がないのです。楽しく暮らす場所は、いくらでもありますけれども、ぐんぐんと、学力がついていく場所、それを専門に目ざしている場所が、教室なのです。いかに楽しくても、そういう姿が見られないのは、教室ではない。あるときはもう、つらくって、力のかぎり、ぎりぎりのところでやっている、力の伸びるのは、そういうぎりぎりまでやっているときと私は思います。

少し力の弱い子どもをその状態にもってくることは、そうむずかしくないと思います。力のある子どもを、その姿にさせるには、指導者にそれだけの実力がいります。その子の優れた力を、はるかに上まわる、ゆたかさ、幅の広さ、高さがなければ、彼を夢中にさせることはむずかしいと思います。

私たちおとなとしましても、力いっぱいやるより仕方がない。それでだめということはもちろんあります。だめでも、仕方がない。そこまでしかやれなかったのですから。私自身の経験でも、そういう精いっぱいのところまでやったとき、ふっと、なにか、見つけることがあったのです。

自分をもそういうところに追いこまなければなりませんが、子どもも、もちろんそうで、にこにこさせるばかりが、単元学習ではない。楽しいという感想が出ることだけを期待するのではない。力がしっかりついて、泣きながらもやれたということでないと、——楽しくおもしろくなければ、やらない、苦しみとともにある楽しさを思わないということでは、卓越した言語生活者どころではない、と思います。

楽しい、おもしろい、もちろんそうでなければ、子どもは何にも考えないし、何にも覚えません。つまり、何にも学習しないことになります。悲しい心や、つまらないと思っている心や、そんな心は何にも考えませんし、覚えもしません。ですから、楽しさおもしろさを大事にするのは結構ですけれども、それに溺れるわけにはいきません。

単元学習が成功しなくなるときは、その楽しそうにしているときの子どもを読む、教師の読みとりの甘さにあります。みんなが楽しそうにしているところで、安心するといいますか、指導者が、ホッとしてしまうわけです。そこで腰をおろしてしまわずに手を出します。よくやれましたというところに、とどまらないで、よくやれていたら、「では、こういうことは」ということ——ことばは、このようななまなことばでなく——が出されなければならない。それが、教室の魅力を生むと思うのです。

子どもが一人でいては、そこまでで安心するところでした。けれども、自分の知らなかった世界、やってみたらやれたというもう一つの世界があった、そこへもってくるのが教室だと思うのです。それがないと、単元学習は、単なる楽しみの学習にすぎないことになると思うのです。

しかし、楽しく、安らぎのある教室で、さらに高い楽しみに向かわせる教師の助言、これは、楽しくするまでよりさらにさらにむずかしく、力がいります。教師のそんな苦労がなくても子どもたちは「楽しかった」とは言うでしょう。つまり、教科書だけで、はじからやってきた、決まった手びきをやっていた、そういう子どもたちが、たまたま単元学習的な学習をしますと、一様に「おもしろかった」とか、「もっとこういう勉強がしたい」とか言うものです。言うものですけれども、それまで、何にもしなかったから、珍しくて、そういうふうになっているのであって、本当に実力がきちっと自分についた、そういう貴重な喜びであるかどうか、その見極めがなかなかむずかしいのです。

子どもたちひとりひとりを、優劣を超えた、優劣のかなたの世界につれていって、そして、ほんとうの成長ということを、成長の喜びを知らせていくには、簡単に言えば単元学習の幅広さ、自由さでこそと思います。

その単元学習が、いろいろ不評をかうことがあります。力がつかないとか、文章が下手であるとか、その他書けないとか、字をまちがえたとか、単元学習にはそういうことになる心配もあります。

一つには、おもしろいということ、楽しいということに夢中になって、それがどういう学力を育てることと、確かに直接につながっているかを確かめることを忘れることですが、どういうときに、そうなるかということを考えますと、それは子どもが楽しく勉強している姿に酔うときといったらよいかもしれません。

私たちは子どもの喜んで勉強する姿を、本当に、恋い焦がれるほど望んでいます。ですから、そういう姿になると、ボーッとなってしまうのです。そして、もう一段、その子どもたちを引き上げるだけの力が出なくなったり、また、その実力がなかったりすることです。この実力がないの方が大きいと思います。まだ十分伸びていない子どもに対しては、かなりのゆたかさ、ゆとりをもって対することができましょうが、力のある、ぐんぐん伸びてきている子どもに、十分対応できる実力をもつことは容易ならぬことです。単元学習への非難はそのような実力不足からくるもので、単元学習そのものへの非難ではないと思います。

先ほど、お話しましたように、できない子どもの方へだけ目がいって、本当に、伸びる子どもが伸びていないという状態になることがあるなと思います。単元学習を心からお薦めすると同時に、そうした警戒というものは、しっかりもたないと、自分でも力がつかないのを見て、残念になってしまうでしょうし、惑うでしょうし、単元学習はやっぱりだめではないかなという気持ちがするのだと思います。

魅力的な学習のひととき

私の好きだった単元に「表現くらべ」というのがあります。その年、昭和五十四年の夏、東京の隅田川の大花火が復活しました。戦後の、花火どころではない時代が過ぎても、交通の混乱などが予想され、なかなか復活に至らなかったのです。それがこの年復活しまして、珍しかったのと、また東京都民にとりまして、いかにも一つの大きな喜びがもどってきたという感じでした。それで、各新聞が、びっくりするほどたくさんの花火の記事や、写真を載せたのです。花火の記事が、どの新聞にも、多い新聞は三面にもわたって出るという盛況でした。今年などは、ほとんど出ておりません。花火があったといって、小さい写真が出ているのもあり、写真なしのもあったくらいなんです。ですから、あの年は、実に貴重な年であって、花火の記事ならどの年の催しでも、いいというわけにはいかないと思います。

その年は、ラッキーな年だったと思うのです。その花火の記事を四つの新聞からとりました。四紙ということは、一つには四種以上のものを比べることは、子どもにとって骨が折れ過ぎるということ、もう一つは、この学習にかける時間の都合です。多ければ多いほどいいというものでもないのです。何時間かけるかということによりますし、また多過ぎますと、子どもが一度に頭に入れられず、話が散漫になって、子どもの目、考えが行き届かなくなってしまうのです。度合いというものがあります。

お考えのように、同じその夜の大花火ですけれども、それを実にいろんな表現で美しく、各新聞が書いたのです。そのいろいろの表現の、良し悪しを考えさせたわけではありません。

そういうことはしませんが、その表現のちがいを味わったのです。たとえば、その夜の空を絵巻き物といった新聞もあり、パノラマといった新聞もありました。絵巻き物とパノラマ、そのどちらも、子どもはよく知らず、調べなければ、なかなかわかりませんでしたが、わかってみると、そのとらえ方の味わいの深さに、おもしろさに、ため息をつくほどでした。こんなふうにちがう、こんな目のつけ方だ、こんなものをとらえていると、みんな自分の胸に感じとっている味わいをことばにしようとして、力をしぼりました。

こうしたことば、表現のちがいを感じとり、それを言い表すことばをさぐることは、ことばのいい学習になりますが、そのよい材料がなかなかないものです。

文学作品に求めれば、とはすぐ思いつくことですが、ちょっと考えるとありそうでいて、なかなか、同じ情景、同じ心持ちを書いた作品はないものです。また、程度が高過ぎます。それに心情などを表現したものですと、つきつめて細かく考えていっているうちに、子どもたちのだれかのどんな場合かの気持ちに触れることになったりします。その子どもに全く関係なく話されていることばが、いろいろ言っているうちに、偶然、だれかが思い当たることがあり、ずきんと、あるいは、ちくりと胸を刺してしまうことがあります。

そこへいきますと、花火は安全です。みんなの心には美しい花火があがっています。ことばの感じを、どんなにつっこんでいっても、心のなかは美しい花火の空です。美しい光と色に満たされながら、ことばを追いつづけるひとときでした。

そのうえ、これもいわゆる優劣ということが頭に浮かびにくい、そして、自分の発見した、こういうことがこうだということを、自分なりに力いっぱいに述べたい気持ちがいっぱいです。できる人、できない人などと考えるすきがありません。魅力的なひとときです。

優れた子どもにとりましては、考えつくせないくらい、ことばの問題がありました。力が弱くともとりあげることのできることばの問題がたくさんありました。そして、それを解説する、それを人に伝えるにつきまして、いろいろな言い方や見方もできました。みんなの心のなかに、じつにたくさんのことばが掘り出された、さらにことばの感覚の磨かれた、いい学習でした。

頭の中に浮かんでくるものが、かわいくて、似たような記事のようでも、先ごろのカルガモの記事などは、いろいろの表現がなく、ほとんど、各紙の書きぶりが似ていて、学習の資料には貧しいと思いました。同じところを探すということも考えられますが、それだけで、ゆたかなことばで心を満たすことはできないでしょう。あのカルガモの歩き方も、四紙ともトコトコトコと書いてありました。

去年の秋の発表会（大村はま国語教室の会、定例の発表会）で、私は「隣国に友を求めて」という単元の計画を発表しました。これは去年のことですから計画だけで、子どもたちと学習することは、できませんでした。これも非常にいい単元学習になると思っています。やることができたら、どんなに良かったかと思っているのです。

これも材料が豊富でした。読み物が、種類も、程度も、さまざまあるうえ、それをムックの形に仕上げようとしましたから、また書きものの種類も、いくらでもといいたいくらいさまざまあります。その中には、やや骨の折れるものも、やや力のいらない、というとおかしいのですが、楽に書けそうなものもあります。短いのが楽とは決まっていませんが子どもの気楽に書けるものがありました。いろんな書きものがありますために、どれかに自信をもって参画でき、そして、力のある子どもが、うんと力をふるう場所があったわけです。

話し合いになりましても、その話し合いの種が少しむずかしいものやら、はっきり決められるものやら、いろいろありましたから、その一つ一つの中で、皆が、優か劣かなどということではなくて、自分の力いっぱいを出して、それなりによく話したなといった自信をもつだろうと思います。

そういうふうに、子どもたちのもっているものがそれぞれ十分に生きて、しかも、ギリギリのところまで、これ以上はできないというところまで、子どもたちはやり、それをまた、指導者がもうひとあしそこをと、引き上げていくチャンスが多いと思うのです。

励まし方としましても、そういうふうにいろいろな材料で、そして、いろいろな場合がある方が、教師としては、易しいのです。さっきの、「木のうた」のようなものの方がむずかしいと思います。いろんな材料があって、それをいろいろな目のつけ方、使い方をさせていくことの方が、私は、やりやすいのではないかと思います。あまり材料を揃えられないときは、「木のうた」のようなやり方しか出発としてはできませんけれども、材料を何年かかかって集めた、ことに子どもといっしょに集めたというような場合には、たいへんやりやすいことになると思います。

私は、この韓国のことは、時の話題として、去年より今年の方が、本がたくさん出ていると思います。去年は、韓国の話題が取り上げられ始めたというときでした。それでも、ずいぶんの数がありました。そして、ムックの形に仕上げるとなれば、書くものが非常に幅があり、深さからいいましても、さまざまで、みんなそれぞれに力を奮うことができるだろうと思ったのです。

まだまだ、いろんな単元をご紹介してみたかったのですが、ちょっと時間がなくなりました。学習をすすめていくのに、魅力を生まないかもしれないという警戒の方のお話を少し加えまして、おしまいにしたいと思います。

魅力を生まない教室

先ほどの新聞記事のなかの先生のように、まず説明をして、「やってごらん」、これでおしまいになるような行き方は、魅力を生まないと思います。

教室は、「やってごらん」という場所ではないからです。それをやらしてしまう場所だからです。「もっとよく読んでみなさい」、「詳しく読んでごらん」、そういう場所ではなくて、ついつい詳しく読んでいた――そういう自覚もないぐらいに――詳しく読む必要があるのでしたら、その場で詳しく読むという経験そのものをさせてしまうところです。「読みかたが粗い、まだ詳しく読んでないではないか」、そういうことをいう場所ではない。それでは何にも魅力を生まず、ありがたい場所でもない。それは、おとなに向かって言うことであって、子どもというのは、これからどんなにか成長するのですが、いまは子どもです。ですから、学習そのものを、やらせてしまわないとだめだと思います。

「やってごらん」「できたか」これはもう禁句だと思います。やらせてしまわないとすれば、教師の方が、怠慢だった、教師のいたかいがなかったことになります。「こうこうですよ」「やってごらんなさい」「できましたか」「それじゃ、まだだめですよ」と、そんなこと言うために先生をしているのかと思います。

そんなことはだれでも言えます。先生はそんなに易しいことをして、そんなに楽をしていては困るわけです。やらせてしまわなければ、——詳しく読ませる必要があれば、その場で詳しく読むという力そのものを、その子の身につけてしまわなければ、「〜してごらん」では、教師の仕事が、あまりに易しすぎると思うのです。

魅力を失わない話し合い

それから、話し合いのあと、全員が発言しなかったというお小言。こういうのは、非常に魅力がないと思います。普通のクラスみんなで話し合いをしているのでしたら、クラスのみんなが発言するということは、だいたいないのです。そういうことは、期待してはいけないこと。時間的にもむりです。四十人もいる子どもが、ひと言でも話したら、何分かかるでしょう。そういうことも忘れて、「発言しなかった人もあるな」といったような、いやなことを言われることがあります。そして、いっぺんに、少しあった魅力さえなくなってしまいます。

そういうことではなくて、ほんとうに発言が偏って少なく、多くの子どもが話す内容もなく、したがって意欲もない、沈滞した空気になったのでしたら、それは、話し合いの事前の指導の失敗でありましょう。話したいことを、ひとりひとりにもたせられなかったということです。あるいは、その話し合いの準備の時間がはじめからなかったのかもしれません。

いきいきとした話し合いは、話し合いの事前の指導が十分でありまして、みんなが言いたいことを胸にいっぱいもっている、それが発言になる、知らず知らず教師によって発言を導かれているのです。言うこと、言いたいことがあれば、とにかく話し合いに参加できます。

初めから言うことがないのでしたら、元気を出してと言われても中身がないのですからどうにもなりません。何も話す内容のない子どもがいるのに、話し合いの学習を始めることが、おかしいのではないでしょうか。考えがない人がそこに並んで、何を話し合うのでしょうか。黙っているのが当たり前、その場にいるのが苦痛で、それこそ拷問のようになってしまいます。ですから、話し合いをするときには、魅力とまでいかなくとも、話し合いが成立するために、その前に準備の時間をもって、十分話し合いの内容を、めいめいがもつように指導します。さまざまの考えをみんなの中に育てておきます。

もし教師にそのさまざまな考えがないとしますと、この話し合いは今回はできないことになります。他の人が言わない自分の考え、ユニークな自分の案をもたせる、そこまで、もっていかれないのでしたら、そういう状態では話し合いをしないことです。残念ながら、指導が行き届きませんで、みんなの子どもに他の子どもが傾聴するようなことを発言させることができないのですから、仕方がありません。教師の不始末、力の弱さのため、話し合わせることができない、私はそのくらいに思います。話し合いとは、そういうものだと思うのです。

話すことのない人が、話し合いの席にいるということは、学習になりません。何にもなりません。当てられたらどうしようかと、ハラハラしているばかりですから、何にもならない。学力がつくもつかないも、何にもならないことなのです。ですから、他の場合なら、考えがなくても、ほかの人の考えをうかがっているということがあるでしょう。そうして自分を育てていくので、大切なことであると思います。けれども、学習としての話し合いというのは、そうではない。ですから、クラス中で話すなどということは、めったにできないですね。半分ずつとかになってくるのはそのためで、十分中身の用意がなければ、魅力を失わせるばかりだと思います。

次によく言われるようなのですが、言ってほしくないこと、――それは、わかっていることは言えるはずだというような、これは励ましのことばかもしれませんが、このようなことは、決して言わないようにしたいものです。そういうことはない、わかることと、それが表現できることとは、別の力だからです。私自身、わかっていることが、みんな言えるわけではない。ですから、「わかっているなら言えるはずだ」、そういうことは、言わないようにしませんと、魅力を作っていくことはできないと思います。

これも励ますつもりのことばと思いますが、「努力すれば、どんなことでもできる」、国語の場合だけではないことになりますけれども、そういうことはないのです。努力してもできないことは、山のようにあるのです。そういうふうな言い方、人間というもの、人生というものを誤解しているような、あるいは、人間や人生の見方が浅いと言うのでしょうか、真実を知らないというのでしょうか、そういう言い方をしますと、人の集まりである教室は、たちまち魅力を失ってしまって、すぐれた単元の計画も、そのよさが消えていってしまうのです。ちょっとしたことばの端から、そういうことになるのです。

それから、恥をかかせないことです。恥をかかせると奮起するという方がありますけれども、それは、ある場合、ある人の場合、そういうこともあるでしょう、あったのでしょう。けれども、だいたいはそうでないと思います。獅子の子ならば千尋の谷に落とされても、上がってくるでしょうが、獅子の子でなければ、そんな千尋の谷なんかに落とせば死んでしまうことの方が多いでしょう。

「艱難汝を玉にす」という昔からのことばもありますけれども、「艱難汝を玉にす」よりも、堪え切れない艱難はその子を壊してしまうことの方が、ずっと子どもの場合、多いと思います。少なくとも、そういういたわりと、いとおしみをもって、拙い子どもが拙い力をいっぱいにふるっているのを、見なければならないと思います。単元学習に限らないでしょうけれども、教室に魅力をということを考えましたら、人間というものの無理解、誤解といったことがないように、まずそれがもとであると思います。

もう時間もなくなりましたが……、教室に魅力を、――教室に魅力のない限り、子どもたちを救うことはできないと考えます。

人にいやがられるような、叱られるような、いろんな不始末が、中学生には、あるようです。まことに評判が悪いのです。私は、そういうニュース、記事を見るたびに、聞くたびに、悲しく、教室に魅力がないからではないだろうか、何はともあれ、教室に魅力があったら、そこに理屈を越えて、ひかれるものがあったら、こんなことまでしなくても、すむのではないだろうか、と思うのです。

どうぞ、教室に魅力があって、子どもたちが、そこで、優だの劣だのということではなく、その人なりの成長感に満ちて、それを実感して、伸びている、気がついたら望ましき力が自分にあった、姿勢が良くなければいけないなら、姿勢が良くなっていた、というところへもっていくのが、教室の魅力です。そういう成長のあきらかな証拠、そして、それをひしひしと子どもたちが実感しているところに教室の魅力があると思うのです。

同じ教材をなぜ二度使わないか

国語でいえば、そういうものを生み出していく国語学習は、やっぱり単元の考え方でやっていくより仕方がないのではないか。仕方がないというとなんだかあまり良くありませんけれども、単元学習こそが、その魅力を生む工夫だと思います。教科書を使ったらだめとか、そういうことはないのです。教科書を使っても、何を使っても、いいと思います。

同じ教材を私が使わなかったとか、そういう話はあります。けれども同じ教材を使うからいけないというふうに思っているわけではありません。ただ、同じ教材を私自身が、使いたくなかったからです。つまり、初めての教材、一生懸命用意しました教材を読みあげ準備をととのえて、さっき申したような、たくさんの案を胸にもちまして、いつでもだれにでも、私のふところからいい学習をあげますという覚悟で教室に行きまして、授業になります。その教室に行く喜びといいますか、喜びというとちょっと派手ですけれども、ほんとうに、心の躍るうれしいものがあります。その味を覚えてしまいますと、初めてでないものを、それと同じ感動をもって持っていくことが、私にできなかったのです。できる方も多いでしょう。けれど、私はそれができなかったのです。あの喜びを覚えてしまうと、どうしても二番煎じ的にはできなかったのです。

それに非常にいい学習ができた場合は、いくつもないのです。私が玉のようにしている単元があります。そういうのは、もったいないのでもういっぺんしません。今度、もし、うまくいかなかったりしたら、私の思い出は壊れてしまいます。もったいなくて、玉のようなんですから、大事にしております。そういうことや何かで、ついつい二度しないということになったのです。

教科書も別に軽んじたりしているわけではなくて、今、お話ししましたように、ひとりひとりにそれぞれの材料をと考えていきますと、どうしても、教科書だけでは足りなかったのです。足りないので、足したりなんかしているうちに、ついつい、その足す方が多くなってしまって、教科書の扱いがそういうふうになったということもあります。ただし、全然捨てたわけではなくて、普通と違う方法で、だいたい、一年間に、三べんぐらいは、全巻を読んでいました。

教科書を全然しなかったなどと言われますと、私はたいへん残念に思います。まして、そうしなければ、単元学習ではないんだ、どこからか教材を用意しなければと、そっちの方から考えられていることのあるのが残念です。教科書も教材の一つです。それを一生懸命に使おうとし、そして、他のものをも使っていると、教科書も使えるときもあり、使えないときもあり、というふうになっていくのではないでしょうか。

決して最初から教科書を否定するとか、資料をたくさん集めるとかいうところから、歩み出しをするのではなくて、今度つけようとする学力は、これだという、そういうめあてをたしかめ、子どもたちをみつめ直しとらえ直し、虚心坦懐に材料を集めていた結果が、そういうふうになってくるということなんです。決して、教科書外の資料のたくさん数があるのが、単元学習だということはないと思います。

ただ、子どもから出発して、子どもに本当に力がつくために、そして、教室がそれぞれ成長感を味わえる、実に魅力ある場所にするために、そうした結果が、自然発生したものだと思っていただきたいと思います。

尽くしませんけれども、みなさん、どうぞ教室が魅力をもちますように。いい悪いではない、なぜかしれず魅力のある場所にしていただきますように。

Ⅱ 学習の成立のために

今朝、短時間でございましたけれども、授業を拝見したり、発表の一部をうかがったりしました。短い時間とはいいながら、私はいろんなことを考えました。その中でその場にいらっしゃらなかった、つまり、その授業を全然ごらんにならなかったとしても、ごいっしょに考えていただけると思うことを拾って、先生がたへのお礼の気持ちもこめてお話をしてみたいと思います。

ここに取り上げていない方の授業が、取り上げるようなところがないとか、そういう意味ではないのです。今申しましたように、ごらんにならない方がおわかりにならなくて、つまらなく思われるようでは不都合と思いまして、多くの方のご参考になるようなことを拾うことにいたします。

新鮮なことばが行き交う教室

「登場人物について語り合う」、ある本を読みまして、その中の人と話し合うという形の、読みの力をねらった授業だったと思います。そういうときに普通の場合は、「この人はどんな人だろうか」というふうなことを尋ねられることが多いようです。それは、たまに聞いてもいいことですけれども、この種の文章ではきまったようにたびたび問われ、たいへんに型にはまったといいますか、学校ごっこでもするときに、先生らしくふるまう人が使うことばと言ってもいいかもしれません。

先生というのは、「どんな人が出てますか」、「どんな気持ちですか」、「どんな情景が見えますか」というようなことを聞くのが大好きでして、なにかというとそういうことを聞くのです。それは悪いことではないのです。けれども、同じことばの繰り返しは喜ばれないのです。ことに子どもたちはがっかりしてしまいます。そういうことが教室の空気を沈滞させてしまうのです。なんとなく沈んでしまうものなのです。

とにかく、新鮮なことばが行き交っていないかぎり、教室はどんな工夫をしてもだめなものなんです。ですから、この「どんな人が書かれているか」「ここに書かれている人は、どんな人と思うか」という問いは、これ自身、たいへん考えていいことですが、別のことばで、別の作業で同じ目的のことをさせることを大切に考えたいと思うのです。

今日の先生は、それをなさったわけです。「登場人物と語り合う」、「自分の抱えている問題について、その人と語り合う」、これは、たいへんいい考えだったと思います。何か話し合う、ではだめですね。今、昭和六十一年の少年として、今考えていることの中で、このことについて、この文章の中に書かれている人が、もし、一緒にいたら何と言うだろうな、と考え、そのことを話し合っていくのですから、それは非常に細かい読解をしなければできないことでしょう。「あの人はこういうふうに言うだろう」「こういうふうに言うだろうか」「このことについては……」と、こう考えさせるということは、細かく文章を読んで、人をとらえなさい、という、今まで何回か言ってきたことばづかいの代わりですので、新鮮さがあって、たいへんいいのではないかと思いました。

今日の時間はそれの発表でした。私が伺ったとき、ちょうど対話体に書いたものを、ひとりで読んでいましたが、もったいないような気がしました。対話の形で読むのがいいと思いました。それに今日のようすから考えますと、こういうふうなものを書かせた場合に、一部の生徒だけしか発表しないのではないかと思います。みんなにさせたければ、時間がたいへんかかってしまって、実施がむずかしいと思います。たとい発表が充実していて、子どもが飽きなかったとしましても、やはり一つの偏りにはなると思います。よく全体のバランスを考えなければならないところです。限りある時間と能力で運ぶことですから、どこか手薄になるという心配があります。

だいたいこういう発表とか、長編の作品の発表とか、そういう場合は、全編を使わないことにしては、という考え方をしてみるのが大事です。全体を使うと、ボロも出ます、その子どもの。その一部分をとりますと、時間がかからず、みんなに発表の機会が行き渡ります。もっといいことは、劣った生徒がちょっと、一分ぐらい、読むほどのところを、聞くに耐えるものにするということが可能です。それもできないのだったら、その教材が無理だったのですから全部ひきあげてしまわなければなりません。無理押ししないでその単元を打ち切らないとだめですね。

よい作品だけなどというのは、おとなはそのほうが好きですけれど、――多少の名誉なことであっても、自分のできないことをやらされるよりは自分のできることをさせてもらっている方が幸せです。――しかし子どもは、いかに描くても、その中に入っていないということが、非常な屈辱であり、(まあ、屈辱ということばは激しいですけれども)、それくらいにつらいと思っているのです。内心ほっとしながらも、悲しく、くやしいのです。よく子どもの演ずる劇の脚本に全員が出られるように出来ているのがありますが、これも、同じ配慮と思います。中学生になると、それほどではありませんが、まだまだこの傾向にはかなり注意がいるようです。ですから全員に発表をさせようとしますと、部分の発表として、その形の工夫をすることになります。

それも次のようなのは、ちょっとつまらないですね。

「みんなに発表してもらいたいんだけれど、時間があまりかかりそうなんで、――ほんとうは発表の形式などは、当初の計画のなかで、当然発表してあるはずです。時間の予定も考えてあるはずです――よいところだけを発表することにします。先生が印をつけておいたところね、そこを順に――これが、このことばのなかでもまずいですね――発表してもらいます。それじゃ○○さんから」

こうして、席の順にしても、名簿の順にしても、順々に、「次、次」ということで進められていくのでは、ひとりひとりの印象もうすく、とてもひとりひとりに期待をもって耳を傾ける、いきいきとした気持ちなどは生まれてきません。よい聞き手にはなりません。

指導者が読んで、いろいろの観点で種類に分けなどして、演出の工夫をします。その一組みごとに、観点を中心に説明し紹介しては発表させていきます。よいところといってもいいところですが、上手下手に関係なく、観点を中心にするほうが聞きやすくもあると思います。五人一組みのこともあり、一人のこともありというぐあいです。

なお、このような場合、時間が足りないから、というようなことは言わないほうがいいのです。最初からの計画として進めます。そうでありませんと、時間が足りないという、いわば残念なことによって、この学習の一部がやむを得ずとった方法で、不満のある、不十分なものということになり、全体として欠けたところのある学習か、第二流の学習という印象になってしまいます。子どもたちの学習に小さな瑕がついたという感じです。

また、たまには、生徒の発表でなく、指導者による紹介にしますと、たいそう時間は節約されます。司会も紹介も発表も、指導者が一人でします。だれさんのはこうこうだったけれど、そのなかに、こういうことが書いてあったというふうに紹介して選んでおいたところを紹介し発表していくのです。また、いろいろの形をまぜてもいいのです。子どもが自分で発表したり、指導者が発表したり、自由自在に発表するのです。今日、私が見せていただいていた間には、今日この教室に私は、間をおいて二度行ったのですが、ある子が一人でやっていました。この調子で全部の子どもに発表させるわけにはいきませんし、困るのではないかなと思いました。教師らしい知恵の働かせどころです。

問題を適切に選ぶ

それから、問題を選ぶとき、それは今日のことではわからなかったのですが、「自分の抱えている問題について」と書いてあったのです。「自分の抱えている問題」というのは、どういうことでしょうか。この問題の選択が適当でなければ、この授業の値打ちはゼロ——にはならなくても、だいぶマイナスですね。どんな問題がつかまれていたのでしょうか。これがもう非常に大事なのですけれども。その後に伺った教室で、もう一つ同じような例がありました。「好きな詩を選ぶ」です。選ぶときに本当に適切なものが選ばれているでしょうか。

今の場合、案はとってもいい案なんですけれども、問題を考えておきませんと、先生が子どもの数の約三倍ほど考えて持ち合わせていないとこれはいきいきと取り組ませられません。

この子どもたちが、今もっている問題は何だろうか。テストができないとか、数学ができないとか、そんなことから始まりまして、いろいろあるわけです。仲の良かっただれさんが今日は口をきかないとか、子どもには、いろいろあるものです。給食が全部食べられないとか、つまらないことまで心配しています。子どもたちの自分の抱えている問題、それは何かということが、生徒の一人に対して三つくらいないと選ぶということはできないでしょうから、子どもの数ちょうどきりでは足りません。ですから、たくさん捜す、それができない場合、この授業はこの時期にはできないということです。情けないけれど、今日の自分にはやれない、案はいいのですけれど、いい方法ですけれど今の自分にはやれないんだ、こういう覚悟が大事なのです。

戦後、初めて出た指導要領には、「教師の能力を考える」という意味のことが単元計画のおしまいのところに書いてあったのです。それが、それから後の指導要領からは、「教師の能力を考える」ということばはなくなってしまいました。失礼にあたるからでしょうね。しかし、実に大事なことです。

単元の案ができまして、はたしてこれが自分に可能なのか、指導者として、それをよく見極めて、間に合うものならそれから勉強して実践する。勉強してもしても、とても間に合わないというときは、涙をのんでやめて、二流三流の案の授業でも自分にやる力のあるものをやるより仕方がありません。もちろん、精いっぱいの冒険はしますが。

今日の自分にできるものには限りがあります。それを自分の立てた案に酔って、身のほど知らずになってしまう。私もそういうことがありました。案に酔うのです。すばらしい案なので、うれしくなってしまうんですね。これはすばらしいと思ってしまうのです。本当にすばらしい案なんです、今見ても。しかし、自分に能力が足りなかったのです。それで、やれば必ず失敗してしまいますね。ということは、何の学力もつかないし、子どもは楽しそうにしたとしても、それは、何の工夫もしない授業よりは楽しく思うでしょうが、うれしがればいいというものでもないのです。子どもの笑顔に酔うことも、まちがいのもとです。笑顔を見ると、ぽーっとなるということがありますから、それを防がなければなりません。

この場合、自分の抱えている問題というのを、「これがいいではないか」と、すぐ出すわけではないんです。出すわけではないのですけれど、先生がもっている、ということが、その子がその問題を選ぶときに、たいへんいいヒントが出せることになるのです。

自分が問題をちゃんともっていますから、「こういう面はどう思いますか」というように、すすめたい案に近づくようなヒントを、出すことができるのです。

それがなければ、「あなたの好きなこと、何でもよろしい」ということになります。これは教師は楽ですが、楽過ぎます。そんな楽なことをしていてはだめだということです。そんな楽なことをするのは、素人だと思うのです。教師は、それほど楽な仕事ではないのですから。「あなたの好きなこと」と言ったときに、好きなことにはこういうことがあるに違いない、こういうことであってほしい、というのが先生の胸にあるわけです。そういう人が指導者として、机間を歩いているんですね。そして、小出し小出しに適切なヒントを出して、ちゃんと自分の考えておいた、書く価値のあると思われるところまでもっていくのです。

それをしない方が、実に多いと思います。それで、生徒に選ばせた、生徒の好きなものをさせた、そうおっしゃって、ご自分はどういう根拠があって、その子に書ける、このあいだのあのことを中心に考えるといい、この子の題材は、今日はこれだ、というようなことをちっとも考えていない、生徒任せ。そうなりますと、私は指導者が何をしたと言えるのか、指導をしていると言えないと思います。

ですから、今日のはとてもいい案なのですけれども、発表の形式とか、それから今のようなことにちょっと気をつけますと、これでもうすばらしいと思います。着眼としてはいいですね。「どんな人と思いますか」なんて聞くのより、段違いのすばらしい案だと思います。

少し程度の高い着眼を

それから、これは断片で耳に入っただけなのですけれども、子どもは少し程度の高いことを、というようなことをおっしゃっていました。私が取り上げているような意味でおっしゃったかどうか、そこまでよくわからないのです。けれども、子どもたちにできることを、できることを、と考えて程度を落としていくことがあるのです。中学生は、いろいろできないことばかりですが、そう扱われることが異様なほど嫌いなのです。中学生というのは、生意気の盛り、自分はどんなにか偉く——地位というよりも、いわゆるスーパーマンのような意味で——なるかと思っているらしいのです。今日も非常に大きくなってきた、おとなみたいになったという気持ちがどこかにあって、誇らしき中学生なんです。そこが、未熟者のいたすところでしょう。おとなになって、一人前の人間になってくれれば、そんなに自分に酔ってしまうことはないですね。少し勉強ができたにしても、そう手放しでうれしくなることはないと思います。けれど、中学生というのは、そういうものなんです。たいして伸びてもいないのに、非常にできるようになったと、彼は思っているのです。——実際は未熟で、危なかしいのに、その反対の気持ちが強いので、それでいろんなことが、起こってくるのです。おとなに嫌われる生意気というのも、そこから起こってくるんです。その気持ちにのりまして、程度をちょっと高くする、無理だなと思える、それが、子どもの心理にぴったり合っているんです。ほんとに無理で、だめになることもあるのです。なってもいいと覚悟して、ちょっと上のことをやらせておきますと、それが非常に励みになるのです。

同じようなことは子どもの使うことばのなかにも出てくることがあります。子どもの作文なんかに、かなりのことばが出てくることがあるのです。いつか自殺したかわいそうな子どもが、その書き残したものに、烈しいことばを使っていましたが、ああいうことばで、私などはちっともびっくりしません。あのくらいのことばは使ってみたい。では、わかっているのか、というとわかっていないのです。わかったら、使わないでしょうね、きっと。おとなになっていれば。わからないので、あんな怖いことばを使うんです。今にも、なにか事件を起こしそうなことば、と書かれていまして、そのことばを使ってあったのに気がつかなかったと、担任の先生を責めるようなことが書いてありました。それもそうですが、担任の先生が、そのことばに気がつかなかったというよりも、中学生があいうことばを、うつろに使うということを同時に知らなかったことが、まずかったと思うのです。けれど、そのことばが子どもにとって何となくかっこいいんです。そして、気に入ったな、と思うと使ってしまうのです。ですから、実に危険なんです。そのことばを、そのとおり受け取っては困るので、本人はわけは知らないんです。

とにかくちょっと程度の高いものの好きな、そういうふうなところがあるのです。ある時期のことです。指導者がそれにのって、ちょっと程度を上げますと、異常に奮発してくるのです。奮発しても、もともと力がないので、あんまりいいものも書けず、あんまりいい発表もできません。それは勘弁しなければと思います。そういう時期は、そういうものなのです。そんなにいい発表でもないけれど、やったということがうれしいというようなことがあります。

ちょっと少しそれますが、中学生の研究とか、発表とか、そういうものについては、出来上がりの姿として、あまり程度の高いものを期待しないことです。

また、一般の方、高等学校の先生とか、そういう方がごらんになって、こんな作品では研究のテーマが泣くというようなことをおっしゃることがあります。別に泣かないと思います。中学生は、そんな程度の高いことはできません。このテーマだったら、まだこんなことにも触れなければならないのに浅い、という考えはでてくると思うのです。

けれども、それを言わずに、方法が違っていなかったら、今は、まだ高みに上っていないことについては、将来を期すほかないと思うのです。

結果にとらわれないで、過程を大事にするというのは、格言のように、教師の間を流れていることばではないでしょうか。作文についてよくこのように言われますが、作文でなくてもそうです。結果でなく過程、中学生に対しては特にこの見方、対し方が大切だと思います。誤りなき道を通って、誤りなき方法をとって、一生懸命努力した。できあがったものは、そんなにいい作品ではない。ですから、その過程のところに目をつけないと、中学生は、ちょっと世話できなくなって、先生は、始終、失望したり、怒ったりしてなければならなくなります。そして、自分の指導力が不足だなどと、そんなに恥じてくださらなくてもいいのに、そういうことばかり気にして、暗い気持ちになられるとしたら、そのほうがもっと困ります。たまに非常に優れた子どもの書いた、非常にいい作品が、どこからか発表になったりすると、自分の子どもは、あんなに一生懸命に指導したのに、こんな作品しかできないというふうに思ったりされるのでしょう。そういうところに、教師としての落ち込みが出てきたりするのですが、人相を悪くしてしまわないでほしいのです。

芦田恵之助先生は、よく「明日生徒に見せる顔だぞ。変なことに落ち込むんじゃない」と、おっしゃいました。私、本当にいつもそう思っていました。明日子どもたちに見せる顔だ、と思って、泣きべそをかかないようにと思っていました。ああ、こんなのができて、と思ったり、ああ、こんなことがあった、と思って、自分の反省で心を痛めるときにも、あまり悲観しすぎない、そういうことが、大事だと思うのです。

今日平井先生のおっしゃった少し程度の高いという着眼は、本当によかったと思います。

学習能力の訓練

次に、共同学習問題と集団学習訓練ということが話題になっておりました。

この共同学習問題というところは、今、お話したことと同じで、学習問題をたくさん、胸に持っておかなければならないと思います。先生が何にも思いついていないのでしたら、子どもと同じ、指導者でなくなってしまいます。指導者なしで普通の子どもは、思いつきようがありません。お手上げになります。

集団学習訓練。これについては、生徒の学習能力をお考えになったことがあるでしょうか。「話し合ってごらん」と気やすくおっしゃるけれど、話し合いが勉強に使えるほど上手になっているでしょうか、進行係でも司会でも。そうでなければまだ話し合うという学習形態をとることのできないクラスなんです、そのクラスは。話し合いをさせたいと思っても、させてはだめなのです。話し合いの学習能力がまだついていなかったのですから、これはできません。今回はあきらめないと困るのです。

話し合うという能力は、なかなかたいへんなものですから、簡単に、急には養えません。小学校で話し合うということはするとはしたにしても、私のいた地域のことですが、ただ、「話し合ってごらん」式なのです。本当に話し合う能力をつけていない場合、学習の方法として話し合うことはできませんね。幸い小学校である程度話し合いということを学んだとしましても、中学生の学習に期待するような力をつけられるわけがありません。それは、子どもだからです。中学生としての話し合いの能力は、やや高いものです。それを使って学習しようというのですから、ある程度の力がなくてはできませんね。しっかりと話し合いの能力をつける目的の学習をして、話し合いの力というものを、ちゃんとつけてあればいいのですけれども。そうでなしに、「話し合ってごらん」これでは困ります。発表能力もつけてないのに「発表してごらん」も困ります。学習能力というものを訓練していないというのに、この教えてもむずかしいことをやってしまっては困るのです。

こう申しますと何か特別に、きりきりと、訓練だけをするように聞こえましょうが、もちろんそういう意味ではありません。単元の構成のなかで、言語生活、学習生活のなかで身につけさせるわけです。話し合いの力をつけることを主目標にした単元学習を重ねてくるわけです。

私は、一年生をもった場合は、たいていそうでしたけれども、最初の第一単元は「中学校国語学習準備のために」というような単元の学習でした。そして、教科書は必ず、第一単元を使いました。私は教科書を使わないと思われているようですが、そんなことはありません。ただ、使い方が違うだけです。中学に入ってきたばかりに、教科書を使わないということは適当でありません。子どもたちは、この本を習うんだと思って来ているのですから。それを習わなければどうしてもある種の期待はずれの気持ちになりましょう。とにかくちょっとがっかりします。学校へ本を持って、一生懸命行ったら、何もいらなかった。これではがっかりですね。

少し経てば、いろんなことがわかってきますけれども、最初はやっぱり、新しい本をさっと開けて出発しないと、小学校から来た子どもというのは、うまくいかないのです。ですから、それを開けて、第一単元の教材を必ず使って、中学校三年間の学習のいろんな形態を、終末は発表になるんですけれども、初歩的に教えたのです。そうして、だんだん訓練していくのです。司会でも何でも、一応できるように、グループの司会でしたら、必ずくるくる回して、みんながやれるというところまでもっていくのです。

学習能力ということは、よく考えて、そして、それはあるという見込みをつけて、それからそれを使って次の段階の学習になるのです。話し合いなどは、特に十分な指導をしなければならないのです。話し合いということが、新しい教育の花のようになったために、何でも話し合いにもっていく。何かわからなくなったり、ごたごたしたりしてくると、「では、話し合ってごらん」とずいぶん気軽に言われることがあるようです。しかし、「話し合って」というときは、話し合いの力が身についてきていて、先生の方も、子どもをとらえられているのでないと困ります。話し合いの場合は、先生が一段と深くクラスを把握していなければならないのですから、もし、それが不十分ならばしばらく話し合いを使っての学習はできないことになります。

とにかく話し合いの仕方を身につけ話し合いのできる子どもに育てる授業と、そのようにして話し合いの力をつけた、その力で、その力を使って、何かの題目について話し合う授業とは大違いなのです。話し合いの能力が身についていてはじめて、話し合うという方法を使って学習ができるのです。そこが、非常に欠けているのに、実に気やすく、むずかしい学習能力の要ることをさせてしまっているような気がするのです。

話し合いは、はやってはいますけれど、私などはこの点は非常に用心深いので、できるという見きわめがつきませんと、なかなか「話し合ってごらん」ということにしないのです。話し合いは、悪い癖がついてしまいますと、まず、直すことは不可能です。話し合いに対する興味を失い、その重要性を軽蔑するようになってしまうのです。話し合いなんて時間つぶしでつまらない。みんな、聞いても聞いても黙っていて、何も言わない人がいるとか、楽しく話せないとか。話し合っても、結局は、自分で考えたのと同じだ、話し合いがなくても、自分自分でやればいいんだとか、ひどい時は、先生に聞いちゃえば一番いいんだとか、そういうふうになっていきます。

楽しさとまではいかないにしても、話し合うことの人生における意義を、子どもながらに知ってほしい。話し合うことはよいことだということ、話し合わなければだめなんだということ、話し合いの中でいかに自分が創造的に目が覚めるかということ、そういうことを体験させないと困るんです。そうすると、いわゆるできる子どもたちでも、いろんな子どもと話し合うことができるようになると思います。ですから、この平井先生のおっしゃっていることに非常に賛成で、みなさんにも考えてほしいと思います。

眺めている指導から中へ入る指導

宮本先生のは、「創造的な読みの力を求めて、書くことを重視した学習活動の工夫」という題でした。

書くことをたいへん重視していらっしゃいまして、話し合いよりも書くことの方がよい、というふうな意味のことも書かれているのです。そうなんです、はじめのうちは。話し合いの方法を教える授業ではなく、それをもう一応終わって話し合いの力がついて、その力を使って授業をすることは、かなりむずかしいのです。書くことの方が、はじめ、みなが書けば、それを個人個人指導することは、教師としては楽ですね。話しことばとちがって、ちょっと間をおいて考える余裕が、ひまが得られるという点で。確かに、話し合いの指導の方が、その場ですぐ応じなければならないので、それだけ、むずかしいと思います。書くことの方が、回って、書き足しをしたりして指導するにしても、やりやすいのではないかと思います。

書き合いにもなります。「鉛筆対談」などと申します。これは、話し合いよりも、何としても指導しやすいです。ただそういうことをする場合には、先生は、ぜひ中に入って、書く一人になっていますように。書いているのを見て、「なかなかよく書いてるね」などと言うのは、教えていることにはならないと思います。こういう言葉は言っても言わなくても同じ、空しい感じです。西尾実先生のおっしゃった真実のことばでないわけです。このような空々しい褒めことばは、要らないのです。

中へ入って書くことをしないのでしたら、私は、この書き合いというのは、あまり効果がないと思います。

書いて交換し合う。その中へ自分も入って、二行でも三行でも、一言でも書いて、それによって考えを深めたり視野を広げたり、また場合によっては、そこから方向を転換したりします。浅く流れて、同じようなことを書いているときに、先生の一文が入りますと、そこから、ぐっと違ってくるのです。違った目のつけ方で書くのです。とにかく、書き合いの中に入るのです。そして、書いて指導するのです。

子どもたちの書くに任せて、眺めているということでは指導していることにならないでしょう。どう考えても、それでは教師があまりに楽すぎるでしょう。やっぱり、教師が楽というのは、おかしいのです。教室の中で、たいへん楽だというのは、うそだと考えていいのではないか、何かすべきことをしていないということの証拠のように思います。

これは、その指導者が、書き合いのなかに入るということ、入って書きながら指導するということの一例ですが。

題は「サンタクロースとわたし」。

Aが書き出しました。

雪の原、トナカイのそり、鈴の音。赤い服、白いひげ。煙突、くつ下……こんなイメージでとらえていたサンタクロース。こんなメルヘンの世界は、いつわたしの心から消えたのだろう。

次はB。

メルヘンか。ぼくなんか、サンタクロースに初めてお目にかかったのは年末大売出しの店先さ。

このようなやりとりがつづいて、同じような調子になり、盛り上がらなくなったようでしたら、それは感じていながら、盛り返せないようでしたら、指導者がAの番になって、たとえば次のように書いてみます。

アメリカやヨーロッパの子どもたちには、今でもサンタクロースに手紙を書く子どもがたくさんいるんですって。

これで前と別の方向に書き進むでしょう。Aのような向きに対しての考えが書かれる

でしょう。今度はBの番になって、たとえば、

サンタクロースが商魂につかまってしまったことは事実だ。

こんなふうに、途中で、方向を変えたり目を向けるべきところに目をつけるように、具体的に導いていくわけです。「その辺で、少し向きを変えたらどうか」というような、ことばでの指導では、そうだ、なるほどと思ってもなかなか書けないことがあります。

こういうこともありました。

先ほど申した「私の選んだ詩」のことですが、もうおわかりのことなので省きますが、選ばせるときに、ただ子どもに任せていては困ります。生徒に任せて、子どもが選んでくるのですけれども、先生はすでに、これだけのものを選ばせたい、それがこの図書館ならどの本にあるというのを知っておりまして、そうして、子どもたちと一緒に探しながら、それとなくヒントを出して選ばせるのです。

子どもに任せきりにしていますと、ほんとうに味わって好きで選ぶとは限らず、単に

有名な詩ということで、よくわからなくても選ぶようになることが多いのです。よくわからないので、何かの折に知った作品を選ぶことになるのです。みんなの選んだ結果を見ますと、共通のものが多いときはそのような事情によるようです。「古池や蛙とびこむ水の音、先生、これほんとうにそんなにいい句なの」とこっそり聞かれたことがあります。「小諸なる古城のほとり」も、こういう場合よくとりあげられますが、「先生、これはリズムがいいだけなの。それとも意味なの」などと聞かれたこともあります。そういうことを聞けるような、何でも聞けるような雰囲気であったことは、救いですが。とにかく、いいということになっているのだからいいんだといったような、よく考えてみたら、どこがいいんだかちっともわからない、などということもあります。

子どもに選ばせることの目的は、選ぶためには、たくさん読む、そして自然味わうことになるというところにもあるのです。選ぶに任せ、子どもが選んだのだから、それでいいんだと、そういう気持ちには、教師らしいものがないと思うのです。そんなことは、だれにもできることでしょう。本をずっと並べて、「好きなの選んでね。上手に発表してちょうだい」、みんなに「これが私の好きな詩だ」といって。こんなことで選ばせ、もし、それで、たくさん同じ作品が出たら、どういうことになるでしょう。

同じものが二つ出る。出たら悪いということはありませんでしょうが、二つ同じものが出ますと、どうしても発表したときに、どっちの発表者の朗読がうまいとかいう頭の動き方が出てくるんです。私には出なくても、子どもの方に。二度出ても、三度出ても、それだけ支持者があるということですから、いいようなものの、二番目の人、三番目の人は、やや発表することの張り合いがわるいような感じがします。聞いている方も、二度目ですと、多少の油断もでてきます。そうして、次々いろいろなよい詩が発表されて雰囲気が盛り上がるという、予想したようなすばらしい時間にならなくなってしまいます。

それを防いで、ほんとうにいい詩が発見され、みんながあっと思えるような、心うたれるような、そういう作品を教師が選んでいて、「これがいいでしょう」などという、つまらないことは言わないで、何となく、「第何巻なども見ましたか」とか、いろいろ言ううちに、結局は、教師の選んでおいたのに、ほとんどみな出会ってくるわけです。それで、発表会を盛り上げるのです。そこが、現場教師の腕前というものです。そこのところが、図書館の司書と違うのです。

司書の先生がたで、好きなものを、とおっしゃることがあるようです。それが悪いのではなくて、仕事が違います。授業としては、そのくらいの指導がなければと思います。この選ぶということは、つまり、鑑賞力を高めるのでして、一つの詩について、みんなでどこがいいか言ってみましょう、などと言うかわりですね。それでいいと思います。いい方法だと思います。詩を選ぼうと思って、たくさん読んでしまうでしょう。そして、一つ一つを自分なりに味わうでしょう。ですから、この授業をする所期の目的を達するのです。問答によらないで、詩を味わうという目的は十分に達するのですから、いいことだと思います。けれども、子ども任せにはできない。先ほどからすべて一貫してここまでそうですけれども、子どもに任せる形の授業のときに、教師がどれくらい働いていなければならないかということです。そうでないと教師が楽すぎる。楽かどうか、という観点で考えていてもいいかもしれません。

群読について考える

詩を読む、群読、ということが出ていました。群読する、というようなおっしゃり方があったと思いますけれども、あまり使わない方がいいかもしれませんね。あまり熟していないと思いますし、何人かで読めば群読だということは、まちがいだということは、確かのようです。

これは、昔からあったことばではありませんね。戦後に、木下順二さんが、初めて、群読ということばを使われ、山本安英さんを中心に、群読という一つの芸術が伸びてきたのです。けれども、ある場合には、群れをなしておおぜいで読めば群読だと思われているようです。複数で読めば、群読だと思われていることもあるようです。あるようですどころか、それが大体の方向のようです。それで、何人かで分けて読むのは群読、一緒に声をそろえて読むのも群読、というふうになっているようです。けれども、群読は、一つの芸術でありまして、けっして、何人かが一緒に読めば群読、というわけではないと思います。

ごく近頃、ちょうど山本安英さんの話しことばの勉強の会がありまして、その日は、木下順二さんと山本安英さんのお話で、テーマは「朗読・群読」でした。

その時、山本さんに「朗読というのはどういうことか」「朗読と語り」などのお話を聞きました。そして、朗読について新たに目を覚まされるような気がしましたが、群読の話がなかなか出ないまま、終わりも近くなりましたので、元気を出して、群読について質問したのです。山本さんが、「群読は、むずかしくて、ちょっとお答えできませんが、四月ごろから講習をいたしますから、どうぞおいでください」ということでした。そのあと、木下順二さんが、一生懸命聞いた私のことをかわいそうになったのでしょう、少しだけ教えてくださったのです。それを聞いただけでも、私は、群読が何かということを、これから本気で勉強して、考えてみなければならないことを感じました。奥の深いものであることを感じました。少なくともおおぜいで読むから群読という考え方だけはやめないと、木下さんにわるいな、そのことばを初めて使われた方にわるいな、という気がしました。

たとえば、「知盛」という「平家物語」の群読の公演がありました。これは山本安英さんの会のレコードにもなっています。それを聞いたときに、知盛のことばをおおぜいが言っているのです。「と知盛卿がのたまふ」という前のかぎの中、つまり、かぎをつけるとすればかぎがつくところ、そこを、当然知盛が読むと思っていますと、そうではない、おおぜいです。私は、それが不思議でした。はっきりと知盛のことばなのに、疑問で、群読ということは何だろうかと思っていました。

それから、地の文。地の文というのは、普通一人が語るように読むでしょう。ところが、その地の文の中にも、これは知盛の心、これは群衆の心、これはこの人の心、というふうに表されているのでしょう。それを、読み分けているわけです。

ですから、群読ということばをあまり気やすく使わないで、もう少し勉強してみるようにしたいと思っております。今日も詩の朗読で一つ、たいへんいいのがありました。よく考えられたいいのがありました。あんなのは、もしかしたら、群読の仲間に入っていけるかもわかりません。けれども、とにかくそういうものでして、「群読する」といった動詞にしてしまうことだけは、ちょっと控えたほうが、安全ではないかという気がいたしました。

学習活動の目的によって変えるグループ

そのとき、グループの話が、一緒にでてきました。グループをどうするか、という話がでていました。グループの話は、たいへんむずかしいと思いますけれども、簡単に言えば、目標が変わるたびに、変わるものだ、ということが一つ。それから、それは、能力別グループとは決まっていない、ということが一つ。

単元により学習活動によりいろいろの分け方をします。今日は、くじ引きかなにかで分けられたようですけれども、そういうこともあるでしょうね。ことによりましては、かまわないかもしれません。それから、同じ詩を選んだ人を集めた、とか、そういうこともあるでしょう。けれども、グループ活動のいちばんの花は、やっぱり、能力別グループでしょう。けれども、それは、ただ一般的に、全体的に勉強ができる、できないとかで分けるのでしたら、これはあまり意味のないことと思います。そのときの学習の目標とする、つけようとしている力について重点をおいて考えるのです。

簡単な例をあげれば、何か読んで、それによって話し合うという場合としますと、読むのが非常に速い、非常な読書家と、じっくりじっくり、ゆっくりゆっくり読む子どもと（こちらも読書家なのですが）、一緒にいたら困るでしょう。読んで話し合おうというときに、片一方はもう読んでしまっていて、片一方は、「うん」といいながら、じっくりじっくり読んでいたら、困るでしょう。どっちが悪いということはありません。速く読むだけが能ではない。遅いのも短所とは限りません。時により、物によりです。本人の優劣に関係ありません。

また、こういうこともあります。あまり深く考えないけれども、口の早い子がいるのです。「あのね」と言って、何でもすぐちょっと思ったことを、つっと口に出す子がいます。それから、いい考えが胸にあって、玉のようなものをもっても、じっと黙って考えている子がいるのです。それは、一つのたちですから、直しても限度がありますね。どっちが悪いとは言えませんから、困るでしょう。そういう人が一緒になると、じっくり考えるほうの子どもが、話すのが嫌になってしまうのです。ろくに考えもせずに、ぺらぺら言われると、自分のじっくり考えたいい考えを、おしまいに出すのが嫌になってしまうのです。「いいわ、それで」「いいにしなさいよ」というような気持ちになってしまうらしいのです。

これは、とても困りますので、話しあいの活動を予定しているグループを編成するときには気をつけなければならない点です。互いにそういう相手とは、話せない人になっていいかというと、そうはいかないと思います。それぞれ、指導しながら、しかし、中学時代のほとんどは、そういう人は一緒にしないほうが、いいのではないか、と私は思います。高校生にでもなれば、そんなことはない。どんな口の早い人であっても、自分の考えは、しっかり出していかなければならないと考え、できるだけ努力するように導くことが大切になると思います。そして、いろいろな人の間に入って、やっていかなければならない。それはそうだと思いますけれども、中学生は、話し合いがむずかしいのですから、そこまでするのは、なかなかたいへんだと思います。

私、最後のころは、つづけて一年生をもっていました。じつは、そういう場面の指導をしてみたいと思っていた二年生に、三年になるとき、お別れしてしまいました。そういう見事な話し合いが、どこまで中学生によってできるのかを試したくて、その学年は、特別ていねいに、慎重に話すこと話す力を育てたのです。それが、三年生になるときに、お別れするはめになりまして、それを確かめることができなかったのです。たぶん、無理だったのだろうと、思っているのですけれども。

ほかにもまだいろいろ考慮しなければならないことがあります。ですから、そういういろいろなことを考えて、グループは作るもの。そして、できるだけ、始終変えること。

少なくとも学習活動の目的が変わったときは当然変えることです。目標は変化に富んでいますからグループはどうしても変わってきます。そうすれば、優秀グループが優越感をもつとか、その反対のグループが劣等感をもつとか、そういうことにはならないのです。

しかし、どんなふうにしても、こちらの子どもが劣等感をもって、こちらの子どもが優越感をもつということになれば、その先生には、能力別グループを運営する能力がまだ足りないのです。ですから、やめた方がいいのです。むりに、どうしてもと、押さない方がいいのです。自分の成長するまで。この子たちはつたない自分に教わっているので、能力別グループで教えてもらえないんだと思うしかありません。早く自分を鍛えて、すばらしくなって、能力別で、それぞれにみんなを伸ばし喜ばせながら運営をする、たいへんな能率を上げる。そんな教師になりたいと思って、勉強するほかないのです。決して、無理をしないことです。

また、そういうかたがたが、一般に能力別グループというものはこういう気持ちになるものだからいけない、などと言われない方がいいと思っているのです。そういう劣等感や優越感をもたせたりしない人が能力別グループで指導していても、別に悪くないでしょう。ですのに、自分の経験をもとにして、自分のクラスがそうなったからといって能力別グループは人間性を傷つける、などとおっしゃる方がありますが、その方が不幸にして、そのとき、失敗してそうなったのでしょう。だれもいつも失敗するもの、というよに、能力別グループ指導そのものを否定しては困ると思います。

能力別グループをほんとうに運営できたときの、それぞれに、充実した学習体験、さわやかな成長の実感はこたえられないものです。

また、実際、先ほど申しましたように、できることをする幸せをかんじるのは、自分にちょうどできることより、ちょっと上ぐらいですね、それがいちばん幸せなんです。どうにもできないことは、多少の名誉があってもお断りなのです。ですから、あの人の方がいいんだとか、下なのだとか、そういう、考えても仕方のない、考えても何ものも生み出されないことを考える隙間をつくらないことの方が大事です。やっぱり作業の選び方の適切さと、それから、隙間ができないように指導している教師の力ではないでしょうか。

グループというのは、固定するのがいちばんまずいと思います。生活グループそのままというのも一つの楽な方法でしょうが、たいていの場合、うまくいかないと思います。できるのもあります。生活グループのままでいいのもありますし、仲よしグループがいい場合もあるのです。グループにはまだいろんな問題がありましょうが、固定しないということがいちばん大切なことです。

優越感をもったり劣等感をもったりするのではないか、とおっしゃる方があります。時に、少しのあいだ、そういうことがあるかもしれません。しかし、それを防ぐのは、しっかりした目的と根拠をもって苦労して編成し、それを謙虚に率直に明らかにしてさらっと発表する、自然な教師自身の態度であると思います。それでもそういう気持ちがとれないと思われるときは、先に申しましたように、やはり中止したほうがいいと思います。教師も子どもも、もう少し成長するまで。

私は、いつも発表するときはこんなようなことを言っていました。「今度は、こういう能力を考えて、分けました。うまくいってないかもしれない、ごめんなさい。だめだったら、また考えます」。大いばりで、発表するわけではありません。ことばだけでなく、ほんとうに不安で、これでうまくいけばいいが、どうぞこのグループが成功でありますようにと願って、少しおおげさな言い方をすれば、恐る恐る発表していました。

グループ編成について子どもに聞かれますと、わたしには、指導者としての意図がある、それによって、分けている、主に、共通の能力で分けている、それから、私が指導しやすいということが、一つの理由になっている、そういうふうなことを話していました。あるとき子どもにこんなことを聞かれたこともありました。「先生、あの子とぼくと、また一緒になったけど、どうして」と言うのです。「よっぽど似てるところがあるんでしょうね」と言って笑いましたが、こういうふうに、みんなが言ってくるようにしていれば大丈夫で、もっともな言い分でしたら、聞いて考えてみるべきです。

あるとき、子どもが一人で来て、「今度、一人グループでやりたい」と言うのです。

理想に近づけようと苦心していましても、少ない人数のなかでのやりくりですから、やっていましても、最後にこのグループの編成はよくないと気づきましても、どうしようもないグループが一つくらいできてしまうことがあります。理想だけでできなくて、これはまずいなあ、と思いながら、どうにもならなくなり、適切でないとわれながら思うグループが一つくらいできてしまうことがあります。そういうグループは、特に一生懸命、こまめに指導してなくてはならないのです。それでも、やはり勉強しにくいという気がすることがありましょう。このとき、その子は、能率が上がらなかったのではないでしょうか。それで一人でやってみたい、という気持ちになったのでしょう。「一人グループというのは、ことばとして変だと思うけれども、一人でやってもいいじゃない」と言いました。大きな四人使える机に、一人。みんな入ってきて、「あっ、村上、一人か」。「広いぞ、貸してやろうか」なんて、一人でいばっていました。そのときは、とうとう一人グループでやりましたが、その次になりましたら、「先生、この次も一人グループってのは、あるんですか」と言ってきました。「あなたがやればあるでしょう。私は作らないけれど」「ぼくも、もういいです」ということでした。そんなこともありました。

のびのびと、妙なこだわりなく、ただ、よりよい学習を願って、必要に応じて分けておりました。能力で分けているということを、隠す必要はないと思います。それぞれの能力の範囲について、できる人、できない人というのは、あるのですから。速く読める人、遅い人、その度合いも種類もいろいろあるのですから、そのことを秘密にすることはありません。それによって、さげすむとか、誇るとか、そういう気持ちを少しももっていなければ隠すことはありません。

ほんとうは、人生において自分が劣っているとか、だれが優れているとか、そういうことを離れて暮らすことはできないでしょう。ただ、自分が劣っているから絶望する、われを見失ってしまう、そういうことではなくて、自分の劣っていること、思うようにならないことに堪えることを学び、その自分を生かしていこうとする、そしてだんだん一人前になっていくのだと思います。それは、おとなとすれば、そういうふうになってきますけれども、子どもですので、まだそれだけの覚悟がつかめない。そういうことを、だんだん鍛えていかなければならないのです。ですから、だれの方がうまくいった、だれの方が下手だ、というふうなことを隠す必要はないと思います。

しかし、なんといっても未熟な時代のことですから、その比べる考え方は非常に危険です。比べても、能力が増えるわけではないからです。伸びようとする力の強いこの時期、この比べるということは口では自分の力いっぱいやればいいとか、一生懸命やったのだから満足だとか言いつつ、じつはなかなか克服できないのです。ですから、なるべく比べるようなチャンスを作らないことです。

時間の始めに、今日も二人ずつスピーチをさせる、という方がありましたけれど、どうして一人にならないのでしょう。一人にすればいいのにと思います。そうすれば、だれも比較しないで、ちゃんと聞いてますね、下手は下手なりに。ですけれど、二人にすると、だれさんの方がうまかったと、すぐそういうふうなことを考えるのが、未熟者の子どもの習性というものです。子どもはすばらしい、尊敬はしながらも、しかし、年齢的に、からだも心も非常に未熟な人間であります。おとなは、そこへいくと偉いですね。劣っていようと何しようと、ちゃんと人生観が定まっていますから、そう簡単に動じないと思います。子どもは、そこが非常に幼稚です。すぐ情けなくなったり、うらやましくなったり、憎らしくなったりします。

十分に警戒し、子どもの純真さとかわいさとともに、指導者として、おとなとしての見識で、現状と、弱い未熟者——これから伸びていかなければならない、今は非常に危険なガラスのような子ども——を、しっかり見つめていないといけないと思うのです。グループというのは、それを試すいい場面ですが、気をつけないと失敗したりするのです。

しかし、やはり、グループをなんとか指導できないと、ゆたかな学習、子どもの活動をいきいきとさせる授業はむずかしいのです。なんとか、少しずつやっていかなければならないと思います。

念のためですが、先ほどからお話をしています一見、差別のあるようなこの指導は、何よりも、指導者自身の心に、全く差別の気持ちがないことが、何といってももとです、第一条件です。そしてそれは教えることに、力をつけることに、夢中になっているということ、心の状態であると思います。

全体に模造紙に書いたのを貼って、それについて説明したり話し合ったりするという場があったのですけれども、あれは、見えるのでしょうか。ずいぶん字の小さいのがあって、そのうえ、それが色で書いてあると、見えないのです。どうしてもほとんどの子どもに見えないと思いますが、見えなくても、何とか見ようと努力している様子もないのです。その方を見ない人もたくさんいるんです。あれは、まずいのではないかと思いました。

プリントをみんなに書かせるときにも、判字読みをする、などという訓練をする必要は、少しもないのですから、読めないプリントはないのと同じ、書き直しなさいと言って受けとりません。見えないプリントをよく見て、判字読みをするなど、そんなつまらないことをする必要はないのです。だいたい、読めないプリントを配るなどということは、読む人を忘れたことで失礼です。

あの模造紙に書いてあったのは、ずいぶん細かいものなんです。やっと読めるというのは、読める中に入りません。発表の資料なのですから、それを一目でぱぁっと読めなくては困るでしょう。これでいつもすんでいて、不満が出ないとすれば、もうそういうものは、見えないもの、とあきらめているのではないでしょうか。

発表者で、そんなに細かく書いたのを指して、全部そのとおり読んでいる人がいたのです。そんなに全文を読むのだったら、めいめいに渡すプリントの方が適当と思います。労力も少なくてすみましょう。今日の場合は、発表の要点だけを、みんなによく見えるように書かなければ、目的に合わないでしょう。

古典を学ぶということ

古典のところで、テキストの作り方について私の試みをたいへんよく勉強していただいて、ありがたく思います。このごろ、右横に意味その他を書くことが少し流行になったのか、よく出会います。新潮社その他からでています本は、ほとんど似ていて、セピアで、横についていますので、ちょっと見やすいように思いますが、あれは、通釈が横についているのです。それが、悪いとかいいとか、という意味ではありません。ただ、目的も対象も違うのですから、そのようなものと、私のとは、右側を使っているという以外は非常に違います。

私はどれが単語かということ、口語文にしたときのどの意味は古文のどのことばの意味かをはっきりさせています。

たとえば、「笑ひなむ」、この「な」と「む」は、別々の助動詞「な」と「む」であって、助詞の「なむ」とは違うのである、などと教えようとは思いません。そういう目的で、あのテキストはできていないのです。そういうことを言わずに、読んでいきたいと思ったから、作ったテキストなのです。しかし、これから専門に勉強していく人もあるかもしれませんし、そうした学習に堪えるだけの準備はしておかなければならない。とすれば、この「な」の意味が何で、この「む」の意味が何でということが、わかるようにしておきたいと思いました。

今日、拝見して、口語で書かれている意味が、古文のどのことばから考えられているか、わからないところがありました。そういうことがないようにしたい。そうでないと、本当の古典の学習にならないと思うのです。

つまり、古典を学ぶ一つの目的が現代文の完成というところにあります。口語文を、本当に今の古文のような優れた文章に成長させなければならない。古典を学ぶことの大きな意義が、こういうところにもう一つあるのではないでしょうか。あのリズムを愛するならば、ああいう調子が、どうして現代文になく、短歌がどうして文語でないと作りにくいのでしょうか。そういうところに、西尾実先生がおっしゃったように、「現代文は、まだ歴史が浅く、完成していない。その現代文完成のエネルギーは、古典から得るものである。だから、古典の学習をすることは内容とか、そういうことが大事なだけではない、内容だけが学習の意義でない」ということが、深い意味をもってくるのだと思います。また、先生は、本当にことば、日本語はみんなのものなのであるから、古典はみんなの学ぶべきもの、義務教育の中で、どうしても原文に触れさせたい、とおっしゃっていました。ほんとうにそうだと思います。ですから、そういう学習の道がひらかれていくためには、テキストの作り方がただ口語訳を、古文の横に書いただけのものではその用をなさないと思います。

「なむ」などは、強めの「なむ」、また、強めというほどでもなく、ただ調子をつけるためのことがあります。ほかにも、そういう助詞がありますが、そういうのは、日本語として、現代文では言い換えられないわけです。言い換えられないけれども、現代文で、ここを強めたければ、たとえば、これはあまり上手ではありませんけれども「ほんとうに」と入れれば、いいかもしれません。副詞など、また、単語とは限らず、ことばを前に入れまして、それが、あとにある助詞を、現代的に生かしたものということです。現代文は、それだけ冗長になるでしょう。ちょっと助詞が入っていればいいところを、それを使わないために、現代文のほうは、副詞が一つ入ってしまってそれだけ長くなる。それだけ、だらっとする、とも言えるわけで、今は教えなくてもそういうことを勉強できるタネになっているのです。ですから、現代文では使っていない強めの助詞とか、調子を整えるための助詞とかの表しているものを口語文のなかに出したいと思います。それから、助動詞の「けり」の味わいとか、「ぬ」の味わいとか、そういうものを、できるだけ生かすように工夫して口語文に表すように工夫してみたいと思います。現代文では、ただ、「た」といっても、そこを「たのです」「たのであった」「とうとう……なった」「なってきた」「ほんとうに……た」「……たと思う」など、口語文を工夫してもとの助動詞の持っていた違いを少しでも出すことができる所があるのです。そういうふうにしないと、あのテキストの作り方が不徹底になって、所期の目的を達しないことにならないかなと思いました。

今日、読む速さが話題になっていました。生徒が読むらしいお話でした。あのテキストは、古文の調子を味わいながら意味はとりたてた説明なしに、自然に心に浮かんでくるようにと思って工夫したものですから、まん中の原文を読むのは、私です。なんべんでも、一時間中、読んでいたこともあります。読みたい人がついてくるのです、自然に。それで、一緒に読んでいます。生徒が読みだしても、「では、読んでごらん」とは、私は、めったに言わないのです。私は、自分で読んでいるのです。読みたい人が、一緒に読んできているのです。

そうやって、だんだんと読めていきますし、それから、気持ちなどもわかっていったのですね。ですから、これを見て、いきなり「読んでごらんなさい」ではなく、先生が読んで聞かせるのです。そして、それはいわゆる上手、下手ではありません。たとえば、読むのに「これも今は昔、比叡の山に……」この速さでは、困るのです。それはすらすらと読んでいて、うまいかもしれませんけれど、このテキストのねらいを生かす読み方として困るのです。

是《コレ》《この話》も今は昔《むかしむかし》、比叡《ヒエ》の山《延暦寺（エンリャク）》に児《チゴ》《使われていた△が》△あり《あっ》けり《た》。

目の幅、見える幅がありますから、子どもは聞きながら、しかしただ聞いているのでなく、ともに読みながら、横に書いているのがちゃんと追っていけるように、ゆっくり、しかし、古文のリズムをこわさないように読むのです。前にも申しましたように、聞きながら、意味はちゃんと胸に現代文で入ってくるというのが、このテキストのみそなのです。そうでなければ「今は昔」は「昔々のことですよ」などと言うのだったら、もうこのテキストは泣いてしまいます。これは、何にも注釈が要らないことをもって特色としているのです。ですから、横の口語文が、それだけでずうっと文になっていないと困ります。それから同じ表現が何べんも出ても、前と同じだからわかるだろうといって省かないで、横に書いていないと困るのです。前に出ているのとおなじ「ありけり」だ。何べんも出ているからいいんだなんて言うのは、中学生を理解していない。すぐそばに出ていても、先までくれば、忘れてしまうのです。そういううまいことができるのなら、こういうテキストを作ってあげなくてよいわけです。

　ですから、たとえば、

「これも、今は昔。比叡の山に、稚児、ありけり。」（読点・句点で十分に間をおいて読みます。）

こういうふうに読んでいるのです。すると、生徒は、ちゃんと「比叡の延暦寺につかわれていた少年がいたのか」と思うのです。「ありけり」の「けり」ですから、「た」だけではなくて、何かほしいところですね。今のような調子です。ですから、いわゆる上手な朗読とは違うのです。このテキストを使って子どもたちにしようとしている仕事は、違うのです。

暗唱ということは、今、はやっていて、たいへんすばらしいことですね。しかし、あれは暗唱しようと思って、ちょっと本を見ては、本を離れて言い、またちょっと見てはそらで言い、というふうにして暗唱すること、と思っていらっしゃるかもしれません。それは、してもよろしいのですけれども、あまりたいしたことではないのではないでしょうか。自然に暗唱できてくる、そこまで読むということではないか。なんべんもなんべんも読んでいると、つい覚えてしまうのではないでしょうか。

暗唱というのは、そうして何べんも読んでいるうちに、とうとう覚えてしまったというのが、ほんものなのです。幸田弘子さんなども暗唱しようと思ったことはないと、おっしゃっています。けれども、「たけくらべ」でも「十三夜」でも何回と数えきれないくらい読んでいるうちに、覚えてしまったのです。そのようにして覚えたのを、忘れるということはないと、おっしゃっていました。ちょっと見ては頭を上げて、「何々……」と覚えたのは、忘れることがあるようですね。しかし、何百ぺんも読んで自然に覚えてしまったものは、忘れないのです。「ここを暗唱しましょう」と決めて、「何日までにこれだけ言えるようにせよ」などというのは、ほんものの暗唱、暗唱の精神に、ちょっと遠いかもしれませんね。仕上がりの形は同じですけれど。

生活の中でのことばの学習

方言の学習教室にもまいりました。おもしろかったですね。

以前「話しことばの会」というのがまだあったころ、毎年夏、勉強会を催し、熱海で合宿をいたしました。八月の四、五、六日にいつも催していたのです。その八月四日の晩が、熱海の年中行事の大花火なんです。海であげるのです。私たちは山の方に合宿していましたので、全くすてきな、空と海の花火を楽しむことができました。ある年のこと、明くる朝、こんな思いつきが出て来たのです。「きれいな花火だなあ」というのを、みんなお国ぶりで言ってみることになったのです。自分の生まれた所となると、結構バラエティーがあったのです。今でも覚えています。沖縄では、「アキサミオー」と言うのだそうです。次々に「何々県です、きれいな花火だなあ」「何県です。きれいな花火だなあ」と方言の合唱のようになりまして、本当に楽しいひとときでありました。そして、方言の楽しさ、方言のゆたかさについてしばらく、話がはずんだのです。今でも、そのころの方に会うと、「アキサミオー」と言ったりすることがあります。

今日も、こんなような一こまがありますと、和やかな気分が出たかと思います。方言の教室らしくするという意味もあります。ゆとりですね。ゆとりは、なにもある日に特別の勉強外の催しなどをすることだけではなくて、毎日の授業の中にこのようなひととき、覚えたり、まちがえないように気をつかったりしないでよい、ひとときをもつことでしょうと思いますが、今日など、「もみじがきれいだな」って――今日は、ほんとうにもみじがきれいですね。――これを、「大分県のどこどこでは、何と言うのかしら」「こっちでは、こう言うんだ」などと言うこともできたでしょうね。いくつかのことばについて、こんなふうな調べ方もしておいて、次々と発表したりしたら、たいへん柔らかな、勉強嫌いの子がのってくるような教室になるのではないかなと思いました。

NHKの生涯学習の通信講座がありますね。私は今、あれの方言のクラスにいるのです。生徒です。レポートを出したり、作文を出したりしてやっているのです。この方言という講座で学ぶ領域が、たいへん広く楽しみです。「このことばは、どこの国では何と言う」といったことではない。そういうことも、一部にはありますけれども、それが、方言の勉強とか研究ではないということが、その講座に入ってからわかりました。方言ということを中心に、どういうことばの学習が広がっているのかが、通信講座のおかげで、このごろわかってきました。春秋二期で、私は秋の会ですから、十一月一日、明日提出の分のレポートがあって、こちらへ来る前に、それを出してきたのです。今までに、「ことばと文化」という講座と、「ことばと生活」という講座と、それから「ことば遊び」という、三つの講座を終わり、それぞれの修業証書ももらいまして、そして今、方言になったということです。でも、その講座の中で、私は方言の勉強は――私は、まだいっぺんレポートを出したくらいのことですから、わかりませんけれど――非常に範囲が広くて、勉強のしがいのある、非常にいい単元ができるいいものだなということを考えました。

今日、教室でもう少し和やかな雰囲気がほしいと思いながら「アキサミオー」を思い出しました。進め方を工夫すると、おとなの研究とちょっと違った、子どもたちの言語学、ことばの生活の中でのことばの学習というのは、まだまだいろいろあるなということを考えたのです。

今朝の授業を拝見してのお話は、一応、ここまでにいたします。

昨日は「教室に魅力を」という題で話を聞いていただきました。いきいきとした教室を、とか、意欲的な教室を、とかいうことばを避けて、魅力のある教室をと言いたかったのです。

よいかわるいか、知らぬままに、なぜと問われても答えられませんが、なんか惹かれる、そういう教室をほしいと思います。理屈なしに、ひとりでに惹きつけるものが教室にほしいのです。そしてその魅力を生み出すには、という試みを聞いていただいたのです。

今日も底を流れるものは同じですが、実際について具体的にお話をいたしたいと思います。

指導者としての責任

よく読むのですよ、確かに読む、細かいところに気をつけて読む、深く読み味わう、などそういうことを言いまして、子どもたちが、「はい、それでは深く読みます」、「細かく読みます」というふうに、深くでも正しくでも読もうと思えばそのようにできるのでしたら、もう本当に立派な、一人前のおとなではないでしょうか。ところが深く読んでいるつもりが浅い。細かく読んでいるつもりがあらく、正しく読んだつもりがまちがっている。それが子どもの姿です。

それを、「細かく読みなさい」といった種類の一群の指示、指導、手びきのことばがあります。「深く味わう」とか、「情景を目の前に浮かべながら読む」とか、「その人の心の変化をたどって読む」とか、いろいろありますけれども、それを指示するのが教室ではないということ。少なくとも、中学校の先生の仕事では、ここまででは終わりません。第一、ここまでは、たいへん楽、楽過ぎるのではないかと思います。

子どもの感想を見て、「これだけしか考えられなかったのか、もう少し細かく読んでごらん」と注意して、細かくって、どういうふうに？　と当惑気味の子どもの表情に気づかないかのように、次の子どもの方へ行かれる。そこでもまた似たようなことを言ったままである。実際に細かく読ませることはできたかできないか、つきとめない。そんなことをしていればよいのでしたら、もうほんとうに楽で楽でどうしようもありません。そんな楽な仕事をしている人が、世の中にあるでしょうか。やがて、また回ってきて、「うん、だいぶ細かくなったけれど、もうちょっと、こう、行間を読んでね、作者が書いていないところまで考えてみる、深く味わって」。子どもにはますますむずかしくなってきます。ほんとうに子どもは、当惑してしまいます。

当惑しているなどという意識は子どもにはもちろんなく、当惑というこんなことばづかいも知りません。何となく心細く、はずまないだけです。（それでもたいていの子どもは先生のご注意を繰り返しながら、また読むことは読むでしょう。しかし、そういう読みは何ものも生み出さない、と思います。）自分でその子なりに精いっぱいに読んだのでしょう。それを、先生が、正しくないし、細かくないし、深くないとおっしゃる。どういうふうに読んだらいいか、子どもはわからないではないですか。「深く読みなさい」「どうやって？」と、言いたくなります。そんなこと、なんとなく聞けなくて、黙っているだけです。途方に暮れると思います。これでは子どもをかわいがっている人といえないと思います。子どもがかわいかったら、途方に暮れさせてはいけない。苦しんで努力するのはいいけれども、どうしていいかわからない、そんな顔をさせてはいけないと思うのです。

このような「なさい」「なさい」は固く戒めたいと思います。そして、細かく読めないなら、細かく読めるようにする。いつのまにかちゃんと細かく読めていた。そこまでするのが、私たちの仕事の範囲ではないでしょうか。

そこまでしないと学校というところの責任を全うできません。

私たちは、指導者としての責任の第一歩が果たせていないことになります。

子どもに、忘れてはいけないことを話して、それを子どもが「忘れた」となれば、忘れないように話せなかった自分をまず恥じないわけにいきません。私どもも、いろいろ忘れやすいのですが、また忘れられないことがありまして、それはやっぱり心に刻んで忘れないものです。ほんとうに忘れないことは、忘れないものです。ですから、忘れてはいけないことは、忘れないように教えるということは、夢でもぜいたくでもないと思います。そういう覚悟がいると思うのです。それがないと、教室というものに、ほんとうの魅力というものが出てきません。

ある子どもが一人でいれば、勉強も何もしないで、なんとなく張り合いもなく過ごしてしまう時間、それが、もし、教師のいる部屋、教室にいますと、つい一生懸命になっていた、読む時間であれば、ぐっと読んでいて、気がついたら、四十分なり五十分なり、読み続けていたのだったなどということがあれば、なんとありがたい教室、ありがたい先生でしょう。そういうふうでなかったら、何のために学校に来て、教室にすわっていたのか。うちで読んでも同じだったのか、そこのところがよくわからないでしょう。つまり、教師のはたらきはなかったという気がするのです。「何々をさせたいことをほんとにさせてしまう」にはどうしたらいいでしょうか。

「味わうため」の朗読

何かお話が少し固くなったようですし、ここで私の一つの試みを聞いていただこうと思います。

これは、その「なになになさい」では、とうてい叶えられない、文学鑑賞の場面です。「よく味わって読みなさい」、そして「どんな情景が目に浮かびますか」「この場面の気持ちは」など、そのたぐいの問いかけをいっさいせず、その場の緊迫した感動をからだで味わわせようとした試みです。よくできる子もできない子も、平等でなければならない、鑑賞の世界です。

方法としては朗読なんですが、二人で読むようになっていますので、手伝っていただきます。昨日、駅に着きましたとき、一番先お会いした広報係の後藤先生、……お願いします。

後藤先生がちょっと目を通される間に、これから二人で読む場面までのあらましをお聞きください。

これは動物文学で、「爪王」。爪王、爪の王様、この話の中に出てくる、猛禽の鷹の中でも強い鷹のことです。

はじめの方はずっと、狩りをする鷹を育てる話が、書いてあります。それはもうすばらしい指導法、鍛錬法で、教師としては、実にほれぼれする文章です。その鷹が、すばらしい鷹に育ち、狩り場で活躍するようになります。作品のなかの「ふぶき」というのは、この鷹の名前です。

そのころ、隣村に悪い赤ぎつねがいまして、それがもう、あらゆるわるさをして、村人を困らせているのです。毒だんごなんかまいておいても、赤ぎつねは、ちゃんと毒の入ってないのだけ食べてしまう。残っている毒入りのを、他の動物、それぞれのうちの大事な動物たちが食べてしまう。そういうぐあいで、もう赤ぎつねには困り切っていました。それでそこの村長さんが、「あなたの所の鷹に、この赤ぎつねをやっつけてもらえないか」と頼んでくるのです。もう、わなをかけるとか、猟師に頼むとか、いろんな手は打ったが、だめなんで、なんとか、鷹にやっつけてもらえないかというんです。ちょっとむりではないかという不安はありましたが承知します。その結果、喧嘩両成敗のようになってしまって、両方とも行方不明になってしまうのです。

何年かたちまして、ある晩、鷹が帰ってくるんです。死んだと思った鷹が。鷹匠——主君の鷹狩りのために鷹を狩りができるように育てる人のことで、江戸幕府の一つの役名なんですが、今は狩りをする鷹を育てる人くらいの意味で使われているのです——その鷹匠が、パサッという音で、「あっ、ふぶきだ」と気づいてあけてみると、やはりふぶきが帰ってきていたんです。それからまたそのふぶきを長いあいだ薫陶し直して、すばらしい狩りのできる鷹が仕上がるのです。そこで、赤ぎつねのことを思い出します。赤ぎつねがまだいたら、もう一ぺん戦わせてみたいと考えるのです。自分の育てた鷹が、赤ぎつねをやっつけられないような鷹だったとは、鷹匠として無念、恥だと思うのです。そして戦わせるのです。

これから読みますところが、その最後の場面です。鷹匠の育てた、苦心さんたん鍛えあげた鷹が赤ぎつねと戦いまして、そして、とうとう赤ぎつねに勝つところの、そういう場面なんです。

全文をいっぺん読んでみます。

赤ぎつねは、この危機をのがれるために激しくころがった。自分のからだを雪の面にたたきつけることによって、鷹をふり放そうとした。

だが、「ふぶき」は翼を堅くしめ、からだにぴたりと付けて、きつねとともにころがった。上になり、下になり、二つの生き物は、まっ白になってころがり続けた。だが、「ふぶき」は、爪を離そうとはしなかった。爪は少しずつ、赤ぎつねの肉体に食い込んでいった。

きつねの足爪が、「ふぶき」の羽をけ散らした。それでも、「ふぶき」は離れなかった。

きつねは、死力をつくして立ち上がろうとした。瞬間、「ふぶき」は、きつねの眼球にくちばしの一撃を加えた。鮮血がさっと雪をもも色に染め、きつねは再びたおれた。

すさまじい死闘だった。

こういう一節です。これを、「どんな様子が目にうかびますか」などと聞いたら、子どもはどうなると思われますか。これ以上にどうして書けるのでしょうか、言えるのでしょうか。当惑して、もう、おもしろかったのも、すっかりさめてしまって、つまらなくなってしまいますね。

しかし、ここを読んで、様子を目にうかべさせることはしたいのです。その場にいるかのような実感を、この文学によって味わわせたいのです。それはしなければならないけれども、言わせる必要はないですね。味わえたことは言えるものだなどというのは、迷信です。自分がわかっているなら言えるはず、などというのは、あなたはいかがですかと問い返されそうです。私など、わかっていたのに言えなかったことは、いくらでもありますから。とても、そんなむごいことは、子どもに言えません。味わわせることは大事、しかし、その表現力は、また別の問題です。そして、この時間の目標は、味わわせることで、表現力をねることは目あてにしていません。

わかっていること、感じていること、味わいとっていること、つまり心にあること、それを言える子は幸せですけれど、言えない子の方が多いのです。「こんな所は、どんな情景か」などと聞くのが、いちばんつまらない気がします。せっかくおもしろく、ドキドキ、ドキドキして読んだのに、そんなことを先生に問いかけられますと、尋ねられ答えを求められますと、目の前に見えていた情景がうすれてしまいます。

でも仕方がないので、何か答えます。と、「外に」なんて先生はみんなを見渡される、今の答えは不十分だったらしいのです。この「外に」ということばを聞いた子どもは、ほんとに興ざめです。今日もどこかの組で、子どもがですが、「外に」「外に」と連発していまして、やはりいい感じではありませんでした。まして、教師は、「外に」などは禁句になさった方がいいと思います。冷たいひびきのことばですから。精いっぱい答えたのでしょうに、ろくに返事もしないで、「外に」と言われては、全く悲しいのです。あれは、ほんとに、一般に教師の悪い口ぐせの一つで、社会的にはあまりないのではないですか。ある人のご意見のあとで、ろくに受けずに、「外にありますか」とは、ほんとに、人情というものを解さないことと、思います。

さて、ここの読みです。AB二人で読みます。私がA、後藤先生はBです。Aさん、私が、「赤ぎつねは、この危機をのがれるために激しくころがった。」と読むのです。つづいて、Bさん、後藤さんが、「自分のからだを雪の面にたたきつけることによって、鷹をふり放そうとした。」と読むのです。その次、今度は私が、「だが、『ふぶき』は翼を堅くしめ」、後藤さんが、「からだにぴたりと付けて」、そして、二人でいっしょに、

「きつねとともにころがった。」ともにころがったのですから、ともに読みます。様子が目に見えるようですね。私が、「上になり」、後藤さんが「下になり」、次は二人で、「二つの生き物は、まっ白になってころがり続けた。」、そして私が「だが、『ふぶき』は、爪を離そうとはしなかった。」、後藤さんが「爪は少しずつ」――少しずつですから、ゆっくり、そして、爪が赤ぎつねの肉体に深くささっていく、じりじりと、という気持ちで「食い込んでいった。」と読む。今度、私が「きつねの足爪が、『ふぶき』の羽をけ散らした。」、後藤さん、「それでも、『ふぶき』は離れなかった。」

その次なんです、工夫がしてあるのは。そこまでは、まあまあ対になっていますから、わかりやすくて、普通よくある工夫ですが、その次、「きつねは、死力をつくして立ち上がろうとした。瞬間、」というところ、立ち上がろうとしたことが終わって、そして、ふぶきが眼球にくちばしの一撃を加えたわけではないでしょう。きつねがよろよろとなった、つまり、文章でいえば、「とした」くらいの時に、「瞬間」というのが入ってくるのが事実でしょう。文章ですからこうなったので、事実としたら、立ち上がろうとして、よろよろとなったときに、ガンとやられてしまうわけですから、私は「とした」、遅れても「し」のところで、「瞬間」とBさんが入りなさいと言ったのです。すると、Bさんがどきどきしてなかなか入れないで、もうたいへん胸が躍ってくるんです。まるでこの場にいるように。

つづいて「『ふぶき』は、きつねの眼球にくちばしの一撃を加えた。鮮血が」これも瞬間のことで、一撃を加えた瞬間、同時にパッと血がほとばしったわけですから、Aさんに「一撃を加えた」の「加えた」というところで、「鮮血が」と入れと言ったのです。

さあ、そうしますと、「瞬間」と入るために、「鮮血が」と重ねて入るために、Aさんも Bさんも、どきどきして、緊張と興奮でほっぺたを真赤にしていました。この場の切迫した赤ぎつねと鷹との場面を、体で味わえているのです。「これは、どんな場面ですか」などと聞くのは、いかに愚問かということがわかります。何べんも何べんも、チャイムの鳴ったのも気づかずに、「瞬間」「鮮血が」と、息をはずませていました。

私は、もちろん、みんなの中に入りながら、Aさんになったり、Bさんになったりして、一緒に読んでいました。
まあ、どんなふうになりますか。後藤さんが、どのくらい胸がどきどきするか、私もどきどきしますけれど。

大村　赤ぎつねは、この危機をのがれるために激しくころがった。
後藤　自分のからだを雪の面にたたきつけることによって、鷹をふり放そうとした。
大村　だが、「ふぶき」は翼を堅くしめ、
後藤　からだにぴたりと付けて、
大村後藤　きつねとともにころがった。
大村　上になり、
後藤　下になり、
大村後藤　二つの生き物は、まっ白になってころがり続けた。
大村　だが、「ふぶき」は、爪を離そうとはしなかった。

後藤　爪は少しずつ、赤ぎつねの肉体に食い込んでいった。
大村　きつねの足爪が、「ふぶき」の羽をけ散らした。
後藤　それでも、「ふぶき」は離れなかった。
大村　きつねは、死力をつくして立ち上がろうとした。
後藤　瞬間、(「した」のところで重ねて入る)「ふぶき」は、きつねの眼球にくちばしの一撃を加えた。
大村　鮮血が(「加えた」のところで重ねて入る)さっと雪をもも色に染め、きつねは再びたおれた。
すさまじい死闘だった。
——拍手——

こんな授業のときは、だれがよくできるのか、できないのか、それどころではないですね、たいへん熱狂しました。「深く味わいなさい」などと言うよりも、どんなに味わえたかわかりません。この文章とこの場面を。

これは、鑑賞を「……なさい」でなく、「……させてしまう」一つの試みです。この文章の鑑賞には、この方法が適したということで、鑑賞はいつも朗読によるとか、まして、二人で読むのがいいなどということではありません。

ただ、朗読というと、味わいえたこととの表現というようにばかり考えられていますが、このような「味わうため」の朗読がもっと考えられていいと思っています。

題材は拾ってみせる

さて、今度は、作文ですが、書くタネがないという話がありますが、一生懸命探すとか、身の周りをよく気をつけて見るとか、子どもにそういうことを言っても、無理だと思います。私たちは教師ですから、子どもの作文の勉強のために題材を拾うくらいは専門家のわけで、それに第一おとなですから、生活の経験も幅も視野も子どもよりずっと広いのは当然で、題材を拾うことくらいできなければならないのに、それがなかなか拾えないものなのです。まして、子どもは見つけられないと思うのです。題材は、拾いなさいと言うのでなく、拾ってみせなければだめだと思うのです。

たとえば、修学旅行。行事的な何かがあると、「さあ書いてごらん」というのは、私は嫌いですけれども、しかし、何も残させないのもかわいそうですね。せっかく旅行に行ったのに、自分は何の思い出の記録もないというのは、それはやはり、少しかわいそうだと思うのです。書かせたいと思いますが、ただ、「書け」ではうまくいきません。それで、一緒に旅行に行っている間に題材を拾いました。たくさんありました。——もしそれを教師が拾えないのでしたら、生徒はなお拾えないでしょうね。

さて、そのともに旅行しながら拾っておいた題材、それを、書き出し文の形で示しました。このことばから書き出してみたらという案です。たくさんあり、このどれかで書いてもいいし、これをヒントに、思いついたことを書いてもいいので、「修学旅行三題」。「二題」でもよろしい、ということにしました。三題とか二題とか組になりますと、そこから出てくるハーモニーのようなものが、文章の拙さを、けっこう隠すものなんです。一つ書かせるよりは、「二題」とした方が文集などにしたときに、見栄えがするのです。そしてこの「見栄え」ということは、いろいろの子どもにとって、結構、大切なことなのです。

これは、行った順序になっていますけれども、ところどころ読んでみます。はじめ、比叡山に行ったのです。そのときのことを書くのに、

《雨に煙る比叡山、すっくと立つ杉の大木の濃淡。》

こういう書き出しでやってごらん、と言うわけです。子どもは、なんか書けそうな気がしてきます。

つづいて二番、これは、あそこのお坊さんが怖いからと、だいぶお説教してから出かけたので、

《聞いていたほどでもなかった根本中堂での説教であった。》

こういう書き出しはどうかというのです。

三番、

《今、ここに、このように、堂々と静かにある御堂。ある時代には、ここに戦火が荒れ狂っていたのだ。》

こういう書き出しで、あと続けてごらん。

それから、バスに乗ったのです。

《ガイドは、しきりに「きょうはもやで見えませんが……」と、見えるはずの景色を説明してくれる。思わず窓からのぞくが、ただすべてが白く煙っている。》

このあとを続けて、というわけです。

少し先の方へいきましょう。

《これが法隆寺、今、自分は、あの有名な法隆寺の前に立っているのだと思うと、何か見なければいけない、何か感じとらなければいけないというような焦りを感じた。》

これを読んだとき、みんな、わぁっと笑いました。あまりうがっていたからでしょう。

やっぱりあのとき、みんな緊張して、なんにも感じなくて困っていたのでしょう。さっきの「古池や」の俳句は、本当にそんなにいいんですかと言った子どもと同じですね。これは、よほど感心しなければいけないと思ったのだけれど、何も思うことはなかったのでしょう。

「柿食へば」を使いまして、

《柿くへば鐘が鳴るなり法隆寺——池のほとりに、ひっそりと立つ碑の文字を読み返した。》

こういうふうに書き出しても、平凡ながら、あとが書けるだろうということです。

《二月堂の屋根の線の、悠々と伸びた美しさ》

こう書き出してもいいでしょう。

《柔らかい、滑らかな毛並みをなでながら、温かい、生きもののぬくもりを手のひらに感じた。》

こうして、奈良公園でのひとときを書いてもいいだろうと思います。

《「京の五条の橋の上……」その五条の橋はこれか……。》

こういう書き出しもいいかも。

《「……お茶を運んでいるのが、中ろうといって二番め、次の間の二人が、一番身分の低い……」みんなは、わぁっと笑った。》

二条城の人形の説明のところです。これを書き出しにして、「わぁっと笑った」というあとにつづけて、その当時の生活など、みんなで話し合ったことが書けるわけです。

《お膳も、食器も、すべて朱塗り。何か、しずしずと箸をとった。》

これが、精進料理を一回だけ食べたときのことですね。

それから、お土産を買うときのことです。

《これにしよう。私は気にいった茶わんを手にとって、父の顔を思い浮かべた。》

これでもいいし、

《どれにしようか、私は母の顔を思い浮かべながら、あれこれと手に取った。》

「これにしよう」でも「どれにしようか」でもどっちでもいいのですが、こう書き出して、お土産を買う楽しみも書けるかと思います。

こういうふうに書き出しをたくさん書き、別にそれを強いるわけではありません。型を教えるわけではありません。けれど、ヒントになるでしょう。

ただ、「何でもいい。楽しい旅だったのですもの、思い出すことあるでしょう。思い出して、カードにでもとって考えてみたら」などと言っても、普通の子どもは、何か重荷を負ったような気がして、がっかりしてしまいますね。これだけの、――これが四〇くらいありますから――ヒントを見てると、自分なりのものが生まれてくることがありますし、この中のものをそのままとっても、別にかまわないのです。これは先生の指導ですから、真似とかいうこととは違うのです。私は、書くことの目のつけどころを指導したということになりますね。

このようなのも何もなしで「よく考えて。旅の楽しかったことをまず拾い、主だったこと、それから、そこで思い出した短歌や俳句のことも書いたらどうか」。そんな言い方では、ほんとうに書けない子どもが多いのです。旅行、遠足のことを書くときはことにそのようです。書き出せないんです。もちろん、このような手びきの不要の子どもはありますけれど、少ないのです。このような取材の具体的どころか、実物の指導というのが、私はとても大事だと思っています。

「教える」ということは、このようにすることなんです。学習の内容を示すだけで、実際にはなんにもしないで、好きなように、というのは、非常に問題であると思います。よく「自由題」とかいって、何でもいいからといわれますけれど、何でもいいからなんて、ほんとうに教師が楽すぎるでしょう。

「夏休み自由研究」にしても、なんでもいいからやってこい。先生はひとつも自由研究のテーマを考えないで。ひどいですね。小学生にそういうことをしていて、ほんとうにかわいそうだと思います。何をしていいかわからない。そこで何をしたらいいか、親もいっしょに大騒ぎです。いっしょに大騒ぎしてくれる人のいない子どもはたいへんです。これをやる、ということに気がつけば、やれるのです。ですけれども、思いつかないのですから、努力のしようもありません。その思いつかない、というところは、子どもにとってたいした学力にならないと思うのです、自由研究をさせるのが目的ならば。そういうのはほんとうに先生特有の怠慢とずるさだと思うのです。怠けている感じなのです。自由研究の題目は子どもが選ぶのですから、たくさんあることが必要です。絶対条件ですね。そうでなければ、選べないでしょう、三つや四つでは。たくさんあることが、押し付けにもなりませんし、型にはめることにもならないということになると思います。

導入——単元のうまれるまで

まず、その単元が誕生してくるまでですが。

単元の題は、「隣国に友を求めて」です。「隣国」ということは、この場合「韓国」のことです。

この一年間に、韓国は、たいへん日本に近い存在になりましたけれども、この準備にかかるころには、まだ、今ほど韓国、韓国の呼び声は高くはありませんでしたが、もちろんそういう動きはありました。私は前から、「単元　知ろう世界の子どもたちを」とか、今日も似たような題を拝見しましたけれども、「単元　外国人は日本人をどう見ているか」とか、そういうふうな単元を展開していまして、目を少し国際的に放ちたい気持ちが強かったのです。

それは、もの珍しいということではありません。私は、戦争の時代を過ごしてきた教員です。戦争のために身も心も捧げたように尽くした日があるのです。その慚愧の思いといいますか、いたしかたなかったとはいいながら、どう考えても、悲しいことなのです。自分だけならまだしものこと、自分の子どもたちを率いて、そうしたということが、なんとしてもつらいことです。そして、どんなことがあっても、戦争を防ぎたい、防がなければならいという気持ちです。

戦争を防ぐために、いろんなことがあるでしょう。その中で、一教師として、確実にできること、したことにするのではなくて、ほんとうにできることは何だろうと思いました。

それは、やっぱり世界の子どもと子どもが理解し合うことではないか。理解する、ということは、平和にひびき、直ちに世界平和につながるような実感はないかもしれませんが、元の元の元にはなると思うのです。

お互いを知らないところから、事が起こってくるのではないか。今、世界の子どもたちは、私の子どもたちと同世代を生きていて、戦うならその人たちとではないでしょうか。仲良くするのも、その人たちとではないでしょうか。その人たちと仲良くなる、平和を共有する、そのもとは「知る」ことだと思います。互いをほんとうに知ることが、もとだと思います。

愛情とか、仲よしとか、そんなところまでを直接国語教室の目あてにしても、実際の学習活動として広がり過ぎてむり、足が地から離れそうです。

しかし「知る」ということは目ざすことができると思いました。そしてそこに目標をおいた学習は豊かな言語活動を含んでいます。私は遠いようでも確実な、平和への歩みとしていくつかの単元を計画しました。

昭和五十四年は国際児童年でした。この年、「知ろう世界の子どもたちを」という単元を展開しました。これは、たいへん楽しかったと思います。

「単元　隣国に友を求めて」はその続きのようなものです。「韓国」と言いますと、いろいろ問題が多いということを韓国の方が教えてくださったので、「隣国」としたのです。「隣国に友を求めて」という単元の生まれるまでには、そのもとには、以上のような思いがありました。

そういうことを考えながら、韓国のことをいろいろ読んだり、新聞なども見たり、考えたりしていた間が長かったと思います。この間に、自分のなかに蓄えたもの、育てたものが、この単元の学習を進める力になるわけです。

「子どもの興味・関心」というのは、戦後の教室の大転換をもたらしたことばですね。教師中心から子ども中心に、とかいろんなことがありました。けれども、そこでまちがっていることがあるのです。自然に、野放しにしておいても、子どもは何かをおもしろがる、それで、その興味を取り上げる、という方があるのです。指導者たるもの、そうではないでしょう。子どもは、何に興味をもっていかなければならないのでしょう。それを、自分なりに一生懸命考えて、未来を見通す先生の目、それを見通しながら、「こういうことに興味をもったり、こういうことを考えたりしなければいけないんだ」ということを、わからせていかなければいけないと思います。

「おもしろい」ということも、もちろん非常に大事なことですけれども、おもしろければいい、というものでもないと思います。おもしろくて、そのうえ、確実に力がついていなければ困ります。それから、何をおもしろがるかということは、その人間を語っております。できたら、価値あることに興味をもち、価値あることをおもしろがるような人にしなければなりませんから、決して無理強いはしませんけれども、好ましい雰囲気はつくっていかなければなりません。

私は、スピーチとして、いろんな時によく話しました。子どもは、お話を聞くのが大好き。「今日の予定」で、「先生のお話」とあれば、「このごろの学習をふり返る」などという題のときなど、内容はお小言に決まっていますのに、「今日は、いちばん最初に先生の話がある」などと、喜ぶのです。小言でも、お話はお話、スピーチとして、私は、いつも題をつけていました。

そういうふうに、子どもは先生のお話を聞くことは、けっこう好きなものです。この「隣国に友を求めて」という単元を始めますには半年くらい前から、何回もいろいろのこういう話をしていくわけです。導入です。

これは、私の実践記録ではありません。去年ですから、学校をやめております。けれども、私は、幸いにして、学校をやめましてから、再び職業に就きませんでした。それで中学校の教師のままなのです。中学校の雰囲気が今もそのままで、夏休みなんかのような感じです。

この「隣国に友を求めて」などの単元を展開しようと思いましても、いわゆる机上プランという気がしないのです。まざまざと子どもたちが目の前に見えて、楽しいと思いました。

この単元は、子どもの興味や関心から、自然発生というような形で、求められては来ないと思います。先ほどお話をしました、興味をもつべきことに興味をもたせるように指導するという、その例になりましょう。次のような短い話を、だんだん耳に入れていきます。

同時に掲示も使い、集めた本などの資料を次の単元の準備の棚に置いたりしますが、今は、たとえば、どんな話をするか、例を挙げてみましょう。

「東アジアの日本語学習熱」。

これは去年、新聞などにもずいぶんでていました。東アジアに、今、どんなに日本語熱が高まっているか、そんな話をします。同じ材料を別の面から見て、「日本語を学ぶ東アジアの子どもたち」。こういうお話を、三分ぐらいでします。それから、「隣国とことば」こういう話も、いいと思います。

「すぐそこ、済州島」。

こういう題をつけておく。地図も使って、話します。「私のお友だち、金英子さん」。これは、韓国の私の友だちです。京城大学の先生です。

「この字、何と読むか」。

やっと覚えた韓国の文字を――ひとつ覚えでも――いくつか書いておいて、「何と読むのか」。生徒は、誰も知らないので、私は大いばり。空いばりの大いばりの中で、何か軽い調子で話すことができるでしょう。

「私の知っている韓国の文字」。

今度はこういうふうに開き直って、文字を少し覚えさせ、

「私の覚えた韓国のことば」。

ハシムニカ、なんかではなくて意味か発音かエピソードか、何かにちょっと話のたねのあるようなことばを選びます。それから、

「大昔のお話、神功皇后。」

などと題をつけて。歴史の中の朝鮮との関係ですね。

「昔のお話　豊臣秀吉」。

「大昔のお話」に対して、「昔のお話」、そして「昔のお話」という感じで話すので

すけれど、豊臣秀吉のこと。次に、

「菊と木槿」。

木槿は、韓国の国花です。「菊と刀」にヒントを得ているのです。「桜と木槿」の方がふさわしいのですけれど。

こういう話を、続けてするのではないのです。だいたい、二週間に一ぺんくらいになるでしょうか。スピーチはたびたびしますが、この単元については、ということです。

こんな話を長い間に、時間のはじめとか、少し時間の余ったときなどにするのです。みんながくたびれているときにもします。何かのことで、――それは直接私に関係のないことが多いのですが――みんなが疲れているようなときは、無理しないほうがいいですね。そんな時に私の話をします。また誰かが、一生懸命発表して終わった、そのあと、すぐ「次はだれさん」、これは、心ないことです。そんなとき、「ちょっと休憩。けれど、私のお話、聞いて。『菊と木槿』という題です」などと言い出します。

こんなふうで、長い間に、いつとなく隣国への興味や関心をもち、親しみをもつようになっていくのです。

教師と「話すこと」

教師の話のことが出てきましたので、ついでに、ちょっと「教師と話すこと」というようなお話をしたいのですが。

また、作文の題材を拾ってみせる、取材の指導を考えて話をすることもあり、読書のため、語いの学習のため、その他先生の話さなければならない場合は、たくさんあります。教師は、いつもいろいろなお話を豊かにもっていたいものです。

まず今のように、単元の導入のためのお話、すぐ学習に入る単元のためばかりでなく、次の単元、そのまた次の単元に備えてたねをまきます。

話は短くします。その日の予定が狂うほど話してはだめです。いい話でも長過ぎるといい話でなくなります。

どうしても話が残っていて、たいへん惜しいと思ったら、その一、その二、とすればいいのです。「菊と木槿　その一」で、今日は三分で終わった。また、少し経ってから「菊と木槿　その二」とすれば、話したかったことをみんな話せるのです。その三があってもいいですから一回は短く。時間に余裕がありすぎるときは、一つの話をひきのばさずに、別の話をするのです。

こういうお話というのは、声の教材で、教師の大切なしごとですが、あまり大切にされていないように見うけられます。先生は、環境であり、教材なのですから、先生の生きた話が、いちばん手近で効果的です。

話の教材を作るとともに、書く方も作ります。——今日、そのお話ができませんけれども——読む場合、重ね読みをしますのに、重ねる作品が足りなかったら、書けばいいのです。上手下手ではなく、役目を果たす程度でいいのです。何にも書けない、とは言わせません、国語の先生ですもの。作文の先生ではないですか。書けない、とは、言えません。

国語の教師は、「書けません」だの、「話せません」だの、そういうことを、言うものではないのです。そういうことを言うのは、甘えというのです。覚悟が足りないからですね。「書けない」などと、他の教科の先生は、言ってもいいでしょうけれど、国語の教師は言わないものです。もちろん、書けるとか、話せるとか、わざわざ言う必要はありません、できるのが当たり前ですから。数学の先生が「ぼくは、計算はあまりできない」などと、言わないでしょう。音楽の先生で「うたが歌えない、音痴なのよ」、そんなことを言う人、あるでしょうか。

国語の先生が、いちばんのんきだと思います。謙遜したような、無責任なことばをよく耳にします。

「口下手でしてね」とか、「司会は苦手で」とか、そういうふうなことを言ったり、ちょっとした書きものでも、書けないと断ったりします。ですから国語は、だれにでも教えられる、などと悲しいことを言われてしまうのだと思います。悔しいですが当たっていないと怒るわけにいかないところがあります。当然できなければいけないことも、できません、できませんと言うので、ああ、そうか、作文も書けなくて、お話もできなくて、字もまちがう、それで勤まるならぼくにもできる、そういうことになるのではないでしょうか。

もう少し、私たち、自分で自分を守りましょう。国語教師としての実力をきちんと確かに身につけて、落ちついて仕事を進めたいものです。

しかし、その国語の教師としての実力をつけることは、確かにむずかしいです。話などは、とくに、むずかしいです。ですから、話などは、短い話でも、教材の話、子どもに聞かせる話は、練習がいります。教材になる話を、いきなりでは、無理です。私も、テープレコーダーで練習していました。今、テープレコーダー持っていない人のほうが少ないくらいでしょう。ですから、録音して、そして、自分で聞いてみれば、悪いところがよくわかります。どなたかに、私の話、聞いてわるいところを教えてほしいなどと言って、迷惑をかけないことです。自分でびしびしと鍛えます。

「学習の手びき」は教材研究の中でできる

「学習の手びき」ですけれども、「手びき」には、いろんなのがありまして、それこそ、まったく型がないのです。そして、いくつか作ってあって、それぞれの場合に合ったのを使うのかと思ってくださる方があるようですが、それは全く違います。そのたびに新しく作るのです。同じような学習でも子どもが違いますし、第一指導者自身も多少でも成長もしましょう。時間やその他事情も同じでないのです。それで、同じのが使えないのです。そういうわけで、一つの手びきを二度使ったことは、一度もありません。『日本人のこころ』という中学生向けの日本の歴史の本を読んだことがあります。読んで、何でも思いついたことを書きとめておくというのは、よく行われている方法です。けれども、そういう指示だけでは、なかなか、読む意気込みが高まりません。何も思わなかったような気がする子どももあるでしょう。一体、どういうことを考えていいかわからないということもあるでしょう。それで、自分の心に何もないわけではありませんが、うまく取り出せない、そして取り出すのが、なんか、めんどうで、おっくうなのです。そこで、手びきがいることになるのです。

手びきを作るために、まず、私自身が読むのです。この場合、私としてはこの本は初めて読むのではありませんでした。前々から読んでおもしろいと思い、いつの日か教材にしたいものと考えていた本です。

この手びきの一番は、

《これは問題だ。考えてみなければならない。》

私が、その『日本人のこころ』という本を読んでいたときに、「まあ、こんなことあるのかしら」「昔からあって今もあるし、これは困ったことだ。大変なことだな」「これは考えてみなければいけないことだ」「外国人にとって、そんなふうに思えるのかしら」などと思いました。それが、私の読んでいたときの心の中です。それをとらえて、「これは問題だ。考えてみなければならない」というこの手びきにしたのです。

二番、

《これはおもしろいことだ。もっと調べてみたい。》

これは、私が読んでいくうちに、「これはおもしろい、もっと調べてみたいことだな」「ここんとこ、子どもたちのだれかが調べると、いいかもしれないな」と思ったりする、その自分の心をとらえて、「これはおもしろいことだ。もっと調べてみたい」という手びきが、できてきたのです。ですから、私が下読みしながら、その読んでいる私の心に浮かんでくるものをとらえたものなのです。

あと、続けて読んでみますから、どんなふうに私がその本を読んでいたか、お聞きとりになってください。

《ほんとうに？　それでは考えてみなければならない。》

ほんとうにそう思うようなことがあったのです。そんなことないと思っていたのに、ほんとうに？　と思いました。それがこの手びきになりました。

《そうだったのか。それでは、これはどうなんだろう。》

書いてあることの中に、そうだったのか、そういう事情だったのか、あの時代は。それでは、今のこれはどうなんだろう、と思ったのです。それをとらえたのです。

《これは驚いた。どうしてなんだろう。》

というのが、その次にあるのですが、私も、そうだったのです。私は、歴史好きですけれど、「これは驚いた。」日本の歴史で、この本が、私の知らなかったことをずいぶんいろいろ教えていたのです。

《そうだとすると、………。こういうことを考えなければいけない。》

歴史上そうだとしますと、韓国とそうだったとすると、こういうことを考えなければいけない。前から聞いていたことだけれど、やっぱりそうか。考えてみなければならないことだ。こう思ったところがあったのです。

《ほんとうにこのとおりだ。どう考えていったらいいか。》

《これは、真剣に考えてみなければならない。重大なことだ。》

《ほんとうにこれはおかしい。変だ。考え直さないといけないことだ。》

こんな気持ちになったところもあったのです。ここまでで、十くらいですけれども。こんなのを二十ほど並べました。

このようにして、読みの手びきなどはこのように、読む自分の心の動きをとらえて、それが手びきになることが多いのです。型などはなく、自然にその都度新しく作ることになります。

学習の進め方の手びきもありますし、書くための手びきも、もちろんあります。主なことは、自分がその学習をする、その制作をすると考えて、自分の勉強法から考えるのが、いちばん多いような気がいたします。そして、その下読み、教材研究のなかでできてくることが多いのです。

今、お話をしています手びきは、教科書の「学習の手びき」や「学習のしおり」と違うのです。この手びきのことを、最初のころは「手びきの手びき」といっておりました。教科書の手びきは、問題集だと思いますが、この手びきは、その問題をするための手びきともいえます。

この手びきを、問題集のように、はじめから一つずつやらせた先生があったということで、私は、がっかりしました。答え合わせのようなことまでなさったということでしたが、どうしてその既製の型にはめこんでしまうのでしょう。これはみな、読んだ心の中を砕くといったらいいかもしれません。耕すがいいかもしれません。何か漠然とわかったけれども、それが形をなして出てこないのです。それが聞かれると不思議にわかるのです。

「あ、ほんと、そうだ」というふうにわかりますから、一つ一つ、端からやったり、まして、答え合わせなど、決してないのです。正しい答えなんて、ないのです。耕しただけ、鍬を入れていったということです。手びきであって、問題集ではないということです。

読む心、読んだ結果をまとめたり、それを役立てていったりする心の中というのは、耕すほかはないのです。何もないことはないのです。何にもなければ、耕しても、どうしようもないですね。そこに土があって、耕すわけでしょう。まとめる種をまいたり、そこから自分の思想を育てる、そういうことをするのです。その思想を育てるという種をまきますのに、土が固くてどうしようもないとき、手びきはそれを耕す役目をします。自分が読んでは、自分の読んでいる心の中を鋭く観察して、そこから、学ぶ人としての自分の心を文字化してきたもの、形にしたものが「手びき」だと思っていただいていいのです。

もう一つ、別の例を取り出してみます。『宮澤賢治の童話』、これは国分一太郎さんの書かれた少年向けの解説です。

これを読みながら考えたこと感じたことを書きとめていくのですが、ちょっと、とっつきにくく、いろいろかんじているに違いないのに、何も感じていないような気持ちで、感じたこと考えたことを書きましょうかと言われたときに、何となく心ぼそく、さあ書こうという気持ちが湧いて来ないかも知れません。

こんなときこういうふうにと誘い出す具体的な手びきがあるといいのです。手びきがあれば、何かことばになりきらずにいた思いが目が覚めたようにことばになって出てくるでしょう。

それで、最初のほうで、五か所ほど取り上げて、書き方の例を見せました。ああこんな調子かというふうにわかって、どんどん読み進め、読みながら心に浮かんだことを気軽に書きとめていきました。

その「たとえばこんなふうに」という手びきの例ですが――、

「賢治の童話は、しろうとの童話です。もちろん雑誌屋から、何年生むき、原稿用紙に五枚だ十枚だ二十枚だなどと頼まれてかいたのでもありません。――だからうんと長い作品がたくさんあります」

ここを読んで、そうだなあ、と思いました。長いのがずいぶんある。あんなの普通の雑誌では、載らなさそうだな、と思いました。どれが一ばん長いだろうなどと思い、グスコーブドリの伝記を思い出しました。

そこで書き方のヒントとして、手びきを、

《そうですね、長いというと「――」など思い出します。》

と書きました。

つづけて読んでいくと、

「それで、子どもたちによくわかるように、おもしろくよめるようになどと、さんざん工夫してかいたものではありません。」

と、書いてあるのです。あら、子どもにわかるように書いたのかと思ったのに、と思いました。手びきは、

《そうですか。うんとくふうして書いたのだと思っていました。》

と書きました。

そういうふうに読みながら共鳴したり意外に思ったり、いろいろ心が動きます。それを、先の国分さんの文章のところへ書き入れていくのです。文章は、行間を広くとってプリントしておきました。

先の文章の少し後に、

「ちょうどそのころにあたるみなさんにも、よくわかるものとよくわからないものとが

あるはずです。」

というところがあります。「あ、そうか。だから、宮沢賢治の、ばかにむずかしいものもあってわからないと思った。けれど、それでいいんだな」と安心しました。それらをそのまま「ちょうどそのころにあたる……」のところに書きます。手びきに、

《それでも少し安心しました。じつは、わたしは「――」という作品がよくわからないのです。ようくわかる作品は「――」です。》

必ずしも、さきの『日本人のこころ』を読む手びきのような、人が語っているようなことばになっているとは限りません。とにかく、手びきには、きまった形はないのです。どうでなければいけないということはありません。「手びき」ですので、答えが決まっているものでもありません。今学習しようとすることが、子どもたちに、やりやすくなる、耕されてきて、少ししやすくなる。読むなら、読むということが楽になってくる、そのことができる、そのために少し手伝いをしよう、そういうふうに思えばいいのではないかと思います。問いの形ではいけないとか、何の形ではいけないとかといった、そ

ういうことはないのです。私は、自分自身がそれを学ぶ体験を見つめながら、手びきを作っていることが多かったという意味なのです。

ほんの二つ、それも「読む」場合のものばかりになりました。ほかに、話し合いの手びき、発表の手びき、本を紹介する手びき、その紹介を聞く手びき、学習記録作成の手びき、あとがきの手びき、まだまだ、いろいろありますが、今日はもうご紹介する時間がなくなりました。

話題を探したり、こういうことをしたりするのが、子どもへの心尽くしであり、愛情であり、それとともに、教師として、教える人としての責任ではないかという気がします。

子どもを知る、そこに生まれる教師の愛情

このへんは、たいへん穏やかだとうかがいましたが、終わりに子どもへの心づかいを

少しお話したいと思います。

今日のあるクラスで気がついたことです。見ていましたら、発表した子どもが終わって席にもどったのです。先生は向こうの方にいらっしゃって、一瞥もくださいません。ああいうことは、残念だと思います。発表したときは、必ず、そのグループのところへすぐいらっしゃいませ。「ご苦労さま」なんて、言わなくて結構です。また、「よかったね」と言わなくても結構ですが、とにかく行って、ねぎらってください。

それから、少し遠い位置からでも、発表が終わったとき、話し終わったときなど、子どもは、瞬間、ちらっと先生を見るものです。そのとき、まをはずさず目をおくります。決して、下を向いて、本を重ね直したりしていないように。いたわる気持ち、ねぎらう気持ちをこめて。別に、にこにこしなくても結構ですから、ちょっと目をおくるだけのことはしないと、困ると思います。

それから、生徒というものは、先生を試すものなのです。いろんな問題が起こっているのは、たいてい、先生を試しているのを、知らないのではないかと思うのです。それを知らずに、本気になってその文面に正面から向かってしまうということがあると思います。

子どもは、とっても先生を試すんです。こういうことをすると、大村先生は、怒るかどうか。怒るかもしれないから、やってみないか。こんなことは、中学生のお得意なことです。子ども同士で相談して、賭けをしてやっていることもあります。私にはすぐ気がつくのです。「今日は、何をするんだったかな」などということを言われるのを、私がどのくらい嫌いかということ、わかっているでしょう。通信（国語教室通信）も配っているし、今日、何するのかわからないようなつまらないこと、まさかするはずがありませんね。ですのに、教室へ入ってきて、パーンと本などを置き、「今日は何すんだっけかな。何もわかんないから、何にもやってこないや」と、こういうふうにいうのです。それで、私が「そんなことないでしょう。ちゃんとあれに書いて……」そんなことを言ったら負けてしまいますね。そんなことは、みなさんも言われないでしょう。

しかし無視するのも負けるもとです。おこるのもばかばかしいことですけれど、それを知らん顔していますと子どもは気持ちがおさまらないのです。先生をいびって、快感をおぼえたいという欲望があってやったことなのですから、こっちが多少傷つかないと、気がすまないのです。それで、もっとエスカレートして、もっとこういうことやってみようということが起こって、先生を泣かせるようなことをやるのです。そういう心理、みんなではなくても、なかに、そういうことがあるということを、ご承知になっておいた方が、考えておおきになった方がいいと思います。

みなさんは、多分、かんかんになったり、そんな馬鹿なことはなさいますまい。知らん顔して、我関せずというふうに、平気という顔して、またやってるなくらいに、お思いになっているかもしれません。それは、子どもにやっぱりのせられたことなのです。ちょっと傷ついてやってください。具体的には、ちょっと見るといいのです。こわい顔はしないで、ちょっと見るんですね。多少傷ついたというころを、ちょっと知らせて、そしてあとは知らん顔すればいいのです、のることはありません。

書くものに、らくがきの形などで表れてきます。学習記録なんか、骨が折れるでしょう。カタカナで「オオムラセンセイシネ」と書いてあったことがあります。「死ね」は、そのことばのとおりの意味ではなくて、いい意味ではないですけれども、当時流行語でした。そのほんとうの意味のようなものではないのです。あの大阪の事件のときの先生ですと、そんなのを本気になさるかもしれませんけれど。本気でこのことばどおりに思っていることはないのです。私はシネが流行語で軽く使われていることは、もちろん知っていました。しかしまあ、「いやなやつ」という意味も少しこめて、まあ嫌味は嫌味でしょう。そんなとき、知らん顔しておきますと、子どもは、やっぱり気がすまないのです。むしゃむしゃして、甘えが、半分でも、とにかくいびって、「怒ったこと、ありません」という顔してるやつだ、あれ、ひとつ怒らしてみなくちゃ、という気持ちがあるのです。それでやったのに、私が知らん顔して返しますと、どうにも気がすまない、おさまらないのです。つまらないことですが、このころの、ある子どもたちの病的な気持ちです。

私はどうしたと、お思いになりますか。私もちろん、気がついたことを知らせました。

気がついたのですから気がつかないふり、という一様のウソをつかないことにします。そこへ、ちょっと、鉛筆で、うんと小さな印をつけました。見ましたっていうしるしです。そして、それだけです。あと、何にも言いませんし、知らん顔です。

そういう時に、赤ペンなど、決してお使いにならないこと。そういうのは、あとになれば子どもは消したいのですから。

そのちょっと傷ついてやることをなさらない方があるので、だんだんエスカレートしてくるのではないか、そういう気がします。ちょっと傷ついて、さびしさと言いますか、背中などに、さびしさを表現する方がいいのです。そして、何にも言わないことです。

ついでですが、子どもへの小言めいたこと、提出物の小言めいたことは、鉛筆でお書きなさいませ。学習記録などに、赤ペンで入れますと、はっきり残るでしょう。消すことができません。

私たちは、赤ペンを懐かしんで読んだりしましたけれども、子どもは、そんなふうにできていないのです。ですから、それを消したいことがあるのです。それが消せないと、恨みになるのです。いやなことしてくれた、恥かかせてくれたといったような気持ちになるのでしょうね。今、あんまりとがめなくても、おとなになれば、なおるでしょう。

ですから、そこらへんが、つっぱりの子どもに対応するのに、教師が同じレベルになってしまわないように、こちらはおとなということを忘れずに、やられてしまわないようにすることが大事です。

もう終わりますが、とにかく、子どもの心を本当に知るということがもとのように思います。知ることは愛につながります。知るということ、それが、やっぱり教師としての愛情ではないでしょうか。子どもを知り、知ったことで、手びきの一つも作れるのですし、その子に適切な教材さがしもできるのです。

子どもをとらえるとらえ方は、今日は、お話できなくなりましたけれど、子どもをとらえることは、第一歩ですね。

子どもを知らなければ、どんないい教材も、学習の方法も、その子どもに合わせることはできないでしょう。子どもを知らなくて、この教材がこの子に合うと、どうしてわかるのでしょうか。

よくできるか、できないか。上と中と下とどれか、そんなわけ方とらえ方では、子どもの学習に使うことはできません。

ですから、愛をいう前に、まず子どもを知るということだと思います。知った上では、かなりの知恵が浮かんでくると思うのです。それは、他の教科でも何でも同じだと思います。

生活指導こそ優先で、国語が、教科が、その次、などとお考えになってないでしょうが、そういうものではないと思います。生活指導は、すべての人間がしなければならないことです。国語の先生の特権ではありません。その生活指導を、国語の授業、指導、ことばの指導のなかでしていくのが、国語の教師です。

国語の教師は、国語の教師でなければできないことをしなければ、——ことばの力を確実につけなければ困るのです。そして、その中でというのが、国語教師のする生活指導になっていくのではないでしょうか。生活指導は何の教科何の指導を担当しようと、みんなのしなければならないことです。国語の力をつけること、その責任者は国語教師なのです。

まず、静かにさせてから授業を、そんなこと言わずに、思わず乗り出してしまうような話を聞かせたり、ついついつっぱることができないほどおもしろい学習活動に出会わせたりするのが、専門教師の、教師らしい仕事ではないかと思うのです。

みなさん、どうぞ、魅力のあるいきいきとした教室をおつくりください。

どうぞ次の世代をもう少し幸せにできますように。優れたことばを使える人は、――ほんとうの意味でことばを使いきれる人は、やっぱりそれが、真の人間というものではないかと思います。

国語の学習指導は、他の教科とは違う、人間をつくるものがある、それは……誇りでもあり、重責でもあります、それを自覚したいと思います。

あとがき

教室に魅力を

これは私の願いである。そして、この本を読んでくださるかたがたに呼びかけて共にしたい悲願である。

ここまで書いて、しばらくペンが進まなかった。もう語り尽くしたような気がした。この本のなか、いっぱいに、あのことば、このことばで「教室に魅力を」と訴えたような気がする。もう黙って、どなたかが答えてくださるのを待っていたいような気がする。そしてその、頭をあげて答えてくださるかたがたとともに、「教室に魅力を」と語り合いながら、また新たに歩みを進めたい気がする。

教室を魅力あるものにすることは、いわゆるよい教室にすることより、はるかにむずかしい。おもしろい教室、楽しい教室にすることよりも、はるかにむずかしいことである。なぜ惹かれるか、何に惹かれるかも言えぬままに、惹きつけられている――とらえられているといっても当たっているかもしれない。とにかく、ただ離れられない、離れることなど、考えの及ぶ広場に入ってくることがない、そういう安らぎのなかに定まっている力である。

そのような魅力を教室に育むために、その手だて、方法、工夫の実際をいくつか、ささやいているつもりである。

この本は、全国大学国語教育学会大分大会と、それに続いて開催された全国国語教育研究協議会での講演をまとめたものであるが、その講演は、そもそもそれらの会の実行委員長として、その運営に献身的な努力をされた大分大学教授橋本暢夫さんのおすすめによったものであった。橋本さんのおかげでこの講演は、したがって、この本も生まれたのである。この大分大会開催の決定とともに申し出られ、大会後すぐに録音テープをもとにこの本の作成にとりかかられたのが国土社の渡部金五郎さんであった。このように迅速に運ばれたのであったが、私の手術入院、それも半年にもわたったためにおくれ、渡部さんのご努力も無になり、今日ようやく発行のことになったのである。橋本さん、渡部さん、そのほか、この本のかげにあるたくさんのかたがたに心からお礼を申しあげる。

昭和六十二年十二月二十四日

大村はま

大村はま年譜(1906年〜2005年)

1906(明治39)年	横浜市中村町に、父・益荒、母・くらの次女として生まれる。
1913(大正 2)年	横浜市立元街小学校入学。
1919(大正 8)年	共立女学校入学。翌年、捜真女学校に転校。
1925(大正14)年	東京女子大学に入学。芦田恵之助先生の著書を読んで、国語教師になろうと決意。
1928(昭和 3)年	東京女子大学卒業。国語兼英語教師として、長野県立諏訪高等女学校へ赴任。
1938(昭和13)年	東京府立第八高等女学校へ転任。
1947(昭和22)年	新制中学校発足と同時に、東京都江東区立深川第一中学校へ転任。荒れた子どもたちに体当たりで指導する。文部省の学習指導要領委員になる。
1949(昭和24)年	東京都目黒区立第八中学校へ転任。
1952(昭和27)年	東京都中央区立紅葉川中学校へ転任。
1956(昭和31)年	東京都中央区立文海中学校へ転任。
1960(昭和35)年	東京都大田区立石川台中学校へ転任。東京都教育功労賞を受賞。
1963(昭和38)年	広島大学ペスタロッチ賞を受賞。
1970(昭和45)年	富山県の新規採用教育研修会で「教えるということ」の題で講演。のちに単行本となってロングセラーとなる。
1972(昭和47)年	第一回国語科実践発表会。以後毎年開催し、単元学習の研究発表を行う。
1980(昭和55)年	石川台中学校を退職。52年間の教師生活の幕を閉じる。
1982(昭和57)年	勲五等瑞宝章を受章。『大村はま国語教室』(全16巻 小学館)刊行開始(1985年完結)。
2001(平成13)年	鳴門教育大学附属図書館(徳島県)に、長年の学習記録を寄贈し、「大村はま文庫」ができる。
2003(平成15)年	国語施策懇談会で意見発表。「私のしごと館」に大村はまのコーナーができる。
2004(平成16)年	「大村はま白寿記念講演会」で講演。
2005(平成17)年	4月17日、クモ膜下出血で逝去。

(制作:「大村はま記念の会」運営委員会)

大村はま著作目録

『やさしい文章教室』(1966年)、『やさしい国語教室』(1968年)、『やさしい漢字教室』(1969年)、『ことばの勉強会』(1970年)、『国語教室の実際』(1970年)、『みんなの国語研究会』(1971年)、『小学漢和辞典』(1971年)、『教えるということ』(1971年)、『さんせいどう漢字えほん百科』(1973年 共著)、『読書生活指導の実際』(1977年)、『続 やさしい国語教室』(1977年)、『学習慣用語句辞典』(1978年)、『国語教室おりおりの話』(1978年)、『大村はまの国語教室』1~3 (1981~1984年)、『大村はま国語教室』全16巻(1982~1985年)、『教室をいきいきと』1~3 (1986~1987年)、『教えながら教えられながら』(1986年)、『授業を創る』(1987年)、『教室に魅力を』(1988年)、『大村はま授業の展開 世界を結ぶ』(1989年)、『大村はま教室で学ぶ』(1990年)、『日本一先生は語る』(1990年)、新編『教室をいきいきと』1~2 (1994年)、『日本の教師に伝えたいこと』(1995年)、『ビデオ 大村はま創造の世界』(1995年)、新編『教えるということ』(1996年)、『例解小学漢字辞典』(1997年 共著)、『私が歩いた道』(1998年)、『心のパン屋さん』(1999年)、『大村はまの日本語教室』1~3 (2002~2003年)、『教えることの復権』(2003年 共著)、『教師大村はま96歳の仕事』(2003年)、『大村はま講演集』(2004年)、『灯し続けることば』(2004年)、『22年目の返信』(2004年 共著)、『かけがえなきこの教室に集う』(2004年)、『大村はま国語教室の実際』(2005年)、『忘れえぬことば』(2005年)、新装版『教室に魅力を』(2005年)、新装版『授業を創る』(2005年)

(制作:「大村はま記念の会」運営委員会)

〈人と教育双書〉
大村はま　教室に魅力を

新装版1刷発行　2005年9月30日
　　　4刷発行　2010年5月25日
著　者　　　　大村 はま
発行所　　　　株式会社 国土社
〒161-8510 東京都新宿区上落合1-16-7
TEL 03-5348-3710　FAX 03-5348-3765
http://www.kokudosha.co.jp

ISBN978-4-337-68001-2 C3337

学びひたり
教えひたる、
それは 優劣のかなた。
ほんとうに 持っているもの
授かっているものを出し切って、
打ち込んで学ぶ。
優劣を論じあい
気にしあう世界ではない、
優劣を忘れて
ひたすらな心で ひたすら励む。

今は できるできないを
気にしすぎて、
持っているものが
出し切れていないのではないか。
授かっているものが
生かし切れていないのではないか。